四月と十月文庫　8

仕事場訪問

牧野伊三夫著

人

もくじ

希八先生の版画工房

木村希八（きむらきはち）

一九三四年新潟県生まれ。日本の版画界を代表する刷り師。戦後に上京、独学で各種版画技術を習得。一九五九年鎌倉に木村希八版画工房を開設。片岡球子、加山又造、草間彌生ほか、多くの作家と版画の刷りの仕事を手掛けるかたわら、みずからも多くの作品を作り続けている。桑沢デザイン研究所、女子美術短期大学、東京造形大学、多摩美術大学、東京藝術大学で講師を務める。一九九九年、練馬区立美術館にて「刷り師　木村希八の仕事」展開催。二〇一四年死去。

先生との出会い

昨年（二〇〇一年）十月なかば、美術同人誌『四月と十月』同人の原陽子さん、桶川ゆきさん、倉若さおりさんたちと鎌倉の木村希八先生の版画工房を訪問した。先生には美術大学時代に版画の実技指導をしていただいたことがあった。

ある日、版画室で僕がリトグラフを刷っていたときのことである。うまく紙に絵が刷れるようにと細心の注意で製版の作業をすすめていたところへ木村先生がやってきた。そのときたしか、うまく版にインクがのらないのだというようなことを相談したと思う。すると先生は、ちょっといいかね、と版を洗うためにプレス機の横に置いていたバケツから、真っ黒い油分の浮いた泥水をスポンジですくいとり、いきなり製版途中の版の上にぶちまけた。そして僕に刷り紙を持ってこさせると、そのまま版の上にかぶせてプレス機を通してしまったのである。

プレス機から出て来た紙には、泥水の飛沫がぺちゃんこになって画面いっぱいにひろがり、描いていた絵はそれらと渾然一体となってつぶれてしまっていた。僕は、どういうことかとすっかり混乱してしまい、声も出なかった。しかし、先生は、どうだおもしろくなっただろうと、隣で満足そうにうんうんと頷いているのであった。僕は一体何故こんな乱暴なことをされたのか、さっぱり理解できなかった。

そうして、刷りあがった作品を下宿に持ち帰り、壁に貼って毎日眺めているうちに、はっと気づいた。版画というものは刷りの作業で起こる偶然性の中におもしろさを見つけなければならないのではないか。つまり、版画の制作において刷りというものは、描くこととはまったく次元の違う独立した表現手段であって、単に絵を複製する手段ではないのだ。僕は、このときはじめて版画芸術のおもしろさに目覚めた。今でも版画を刷るときに、このときのことをたびたび思い出す。

木村希八版画工房を訪ねる

先生の版画工房を訪ねるのは、はじめてのことで、東海道線の大船駅からバスに乗っていくと、バス停まで先生が迎えにきてくださっていた。丘の上へと続く長い階段をのぼっていくと門に「木村希八版画工房」と小さな看板が出ているのだが、この家は先生のご自宅兼仕事場である。相模湾から風が流れ、澄んだ空に気持ち良さそうに雲が浮かんでいる。僕たちは応接間に招き入れられ、それぞれ自己紹介をした。家の壁には世界中の、有名無名を問わずいろいろな美術家たちの作品が飾られ美術の空気がむんむんしていた。

僕たちは仕事場の隣の居間に通され、先生を囲むようにテーブルについてお茶をいただいた。

さて、久しぶりにお会いした先生に何から話そうかと考えているうちに、先生の方から、

「これね、家の近所で散歩の途中に見つけたんだ」

と、道端で拾ってきたという曲がった針金を小箱の中からとり出して、それを手のひらにのせて話しはじめた。

「散歩の時に下ばっかり見ているんだよ。木片とかガラスとか、何かおもしろいものはないかと思ってね……。そのまま作品の素材になっちゃうこともあるんだよ」

海外に旅しても煉瓦片やら石ころを拾って来られるそうである。それらは先生にとって作品づくりのための大事な素材であるが、家のあちらこちらに置いていると、奥様がゴミと間違えて捨てそうになることもあるらしい。つづいて、

「これね、今朝、作った作品」

と、菓子箱かなにかの端切れだろうか、ダンボール片を二つに切って台紙に貼っただけの作品を見せられる。すでに完成している様子で額に入っていた。まるで、お茶漬でもつくるように、気楽につくっているように見えた。

「作品をつくるのは、時間とお金、それから手間をかけないこと」

こんなふうに、この日、木村先生の工房での授業がはじまった。

工房での講義

「僕が作品をつくるときは、十枚、二十枚とわっと描いちゃう。時間をかけてやると、余計な要素を入れこんでしまって作りすぎちゃうから。神様が背中にとりついて、意地悪になって邪魔をする前に、瞬時にやっちゃうわけ」

先生は話しながら、時々照れかくしに目をぱちぱちさせたり、いたずら小僧のようにぺろっと舌を出したりする。自分が大切にしていることを話すのは照れくさいのだろう。

「仕事は沢山失敗しないとだめ。失敗した作品の原因を探りながら学ぶ。これができないと成長しない。ただ、自分の仕事のよしあしは時間がたたないとわからない。いいと思った作品を展覧会に発表して、後になって数点、失敗作だと思って後悔することも多いけれども、そのことに気づくことが大事」

簡単におっしゃったが、これは創作をして、そのきびしさや苦しみを知っている人の言葉である。

ひとつ質問をしてみた。

「僕はいま三十七歳なんですが、先生は三十代はどのようにして学び、作品づくりをすればよいとお考えですか」

「美大は幼稚園と同じ。ここで学んだことは全部捨てること。たとえば、さっきの僕のダンボールの作品。絵画だけに捕らわれていては、あのような発想はできない。彫刻やデザイン、いろいろな分野から表現方法を学ぶことだろうと思う。様々な表現方法を試みる中で学んだことは、作りすぎないことだ。なぜなら、作りすぎると見る側にものを語らなくなるから。それからね、自分なりに新しい視覚表現を発見すること。描写力がなければそれに頼らない方法を考えればいい。作家は人のやらないことをやるようにしなければ……。本当の仕事は六十、七十歳をすぎてから。五十代までは実験の時代」

学生時代と変わらず、きっぱりと語られる先生の言葉に、卒業後、手さぐりで行きあたりばったりの創作活動をつづけていた僕は、ゆっくり腰をすえてやっていけばいいと少し安心したのだった。そして、

「版画も、特に最近、綺麗に刷る傾向が目立つ。刷りの技術にとらわれ、同じ

この日、仕事場で開催された「木村希八作品展」

ように枚数を刷ることのみに気を配りすぎて、うすっぺらな作品になっている。僕は長年プリンターの仕事を行ってきたが、刷る作品ごとに版にインクを盛る量を変えたり、プレス機の圧の加減を変えたりしながら、作品の中に生命を育ませるように心がけてきた。刷りは一枚一枚違っていていいんだ。描く絵にしても、一点一点くり返さないように努力すること。素材との兼ねあいで様々な絵作りを試みることが大切だと思う」

そのあと、いかにして作品づくりに向き合うかという話もしてくださった。

「そうしてね、自分自身のやっていることを外から見る目をもつようにすること」

といって、頭の上にあげた手のひらを開いて、「このへんから、こうやってね、自分を見つめると、これからやらなければならないことが見えてくるんだよ」

時折、先生は黙って天井を見上げたりして、何かためになる話はないかと思い出すようにながら話をしてくださるのだった。僕は、うれしかった。

居間でひとしきり講義をしていただいたあと、先生の仕事部屋へ移動して先生の作品を見せていただいた。それらは若い時代からの先生の様々な試行錯誤があらわれた貴重なもので、この日の話をいっそう実感をもって理解することができた。

夕方からは、お酒になった。先生の故郷の新潟から仕入れてこられたという、えごや鱈などのごちそうを奥様にふるまっていただいた。先生の郷里の酒だという「八海山」がうまかった。僕たちは、ほろ酔いと芸術を続けていく勇気を与えられて鎌倉をあとにしたのだった。

木村希八の画廊歩き

木村希八先生は、僕にとって芸術の先生である。

と、こんな書き方をすると、

「君、芸術なんて言葉を使ってはいかん。芸術をやろうなんて考えで作品をつくるから、つまらないものをつくってしまう。そんな言葉は捨てて自由に表現をしなさい」

とおっしゃるであろう。芸術作品をつくろう、などとかまえてしまっては、本当の芸術を生み出すことはできないということである。これはこれまで版画の刷り師として国内外の様々な美術作家たちと仕事をして、ながい間、美術界を見つめてこられた先生が、自然と身につけた考え方であると思う。僕は多摩美術大学に在学中、版画を通じて先生に美術の指導を受けたが、今も芸術というものをいくらかでも理解し、それを愛していられるのは先生のおかげであると思っている。

あるとき先生から、

「美術作品は図録で鑑賞してはいけない。実物を見ること。そして、気に入ったものがあれば、お金を払って買い、自分の手元に置いて毎日見るようにしなさい」

と言われたことがあった。作品を買ったことがなく、美術館の図録や画集に載せられた絵ばかりを見て、絵のことをわかったつもりになっていた僕には、思いがけない言葉だった。

その頃、僕は薄給の勤め人であったが、銀座の「ごらくギャラリー」で行われていた先生が刷った版画のコレクション展で、はじめて作品を買った。草間彌生の『畑』というエッチングだった。

そのとき先生は、僕が貧乏なのを見通してか、画廊と交渉して額なしのプリントのみの価格にしてくださったうえ、さらに、おそらく先生の刷り代であろう金額を差し引いて、安く売ってくださった。

この作品は、その後収入があった折に額装して、今でも僕の仕事場に大事に掛けてあるが、いつまで見ていても飽きず、ますます好きになっていく。本物の作品には尽きることのないエネルギーが宿っている。複製だとこうはいかないだろう。画集などで多くを見るよりも、一点の本物の絵に接する方が、はるかに多く作品に内包された世界を理解することができる。先生のおかげで本来の美術作品の楽しみ方を実感することができた。また、創作をつづけていくには、自分の作品を売ることばかり考えてはならない。他の作家の作品を買うことも大切だと思い知った。

先生のお宅へうかがうと、玄関から居間、そして厠まで、国内外の様々な美術家たちのドローイングや版画など、本物の作品が飾ってある。まるで美術館のようである。ときどき倉庫から他の作品を出して展示替えもされるらしい。

先生は、毎週欠かさず自宅のある鎌倉から銀座まで出かけて画廊を見て歩き、長いことかけてこれらの作品をぽつりぽつりと買い集めてこられた。画廊で見て買わなかった作品についても、日誌にどこの画廊で誰のどんな作品を見たかを細かく記録されている。これが先生の美術の勉強法なのだ。

あるとき、美術同人誌『四月と十月』の仲間たちと一緒に先生と銀座の画廊を歩いてまわったことがあった。

昼十二時に大船駅の改札で待ち合わせて東海道線で銀座へと向かった。みんな少し緊張して座席に先生と並んで腰かけていたのだが、そこで課外授業がはじまった。

先生は、隣の人がひろげている雑誌を静かに指さし、

「最近書店にならぶ本のデザインは気に入ったものがないな。やたらとケイ線などを多用して、活字をすっきりと読ませるということに配慮がなされていない」

その雑誌に載っていた旅行案内の広告のデザインについてもひどいと嘆いていた。「ほら、みてごらん、あれ。『早春の伊豆へ出かけよう!!』。ぐちゃぐちゃじゃん。文字のまわりをケイでかこって。デザインの技術を見せよう見せ

ようとしている」

目の前にあった車内広告のデザインについての講評がはじまる。

「あれはいい。『合格して泣こう』。ずどんとストレートに文字がレイアウトされていて。すこし、右下のあそこのところ、問題はあるけれど」

「だけど、こっちの『本気なら城南予備校』。あれはダメ。あんなケイでかこって。あのケイ線がなければ文字がゆったり読めるのに」

そのあと、ぐるりとひとわたりとおり車内の広告を見まわして、

「このなかではあれがいちばんいい。『合格して泣こう』。いつもね、電車のなかでこんなものを見ていろいろ考えてるわけ。絵やデザインの勉強っていうのはね、こうやって身のまわりのものを見て学ぶことだろうと思う」

なるほどとうなずいていると、今度は僕等の『四月と十月』をパラパラとめくって、

「ほら、また。これがよくない。こんなところにケイはいらないのよ」

ケイ線を使わずに、紙面の間を生かしなさいとおっしゃる。

先生は、しばらく車窓の風景に目をやっていたが、やがて最近お亡くなりに

なった日本画家の片岡球子さんとの版画の仕事の話をはじめられた。一九六三年から一九九二年までの間、先生は片岡さんのリトグラフを六十二作刷った。それ以降は刷らなかったという。理由は片岡さんがリトグラフに、自ら描く日本画のような金箔を用いた表現をしたいと言ったのを断ったかららしい。

「なぜ、いけないのですか」

「なぜって、それでは版画で日本画の複製をつくってしまうようになるから。リトグラフにはリトグラフの表現がある。木版でもリトでも、版画はタブローとは別個の仕事をしないと意味がない」

先生はいわゆる、原画をもとにつくる複製版画は絶対にやらない。どんな画家と仕事をするときでも、下絵なしで版に直接絵を描いてもらう。版画は絵を複製するための手段ではなく、それ自体が独立した表現方法であると考えるからである。「刷り」の仕事のなかに版画独自の表現があり、それが版画作品の生命だと考えるからである。

「今の美術学校の学生は、版数ばかり増やして色を使いすぎたり、技術を見せようとする者が多い。単色で素朴な表現をした作品を見なくなった。いちばん大事なことがわかっていない」

いちばん大事なこと。いちばん大事なことって、何だろう。

銀座の画廊で

新橋駅で下車をして、先生との画廊めぐりがはじまった。

まず一軒目『exhibit live&Morris』へ。とある美術学校の卒業制作のグループ展が行われていた。巨大なドローイングの作品。木村先生は在廊していた作者に学校の先生の名をたずねる。

「○○先生です」

「……」

「ご存じないんですか。けっこう有名なんですよ」

それをきいた先生は、にわかに、語気を強めて、

「あなた、その『有名な』って言葉を使うのをやめなさい。絵を描くのに『有名』なんて何の意味ももたないんだから」

作者は目をぱちくりさせて、

「はあ。これから気をつけます」

先生は、かなりムッとされていたようだが、ぐるりと会場に展示されている絵を見て、

「こんなにマチエルをごたごたぬりたくって。この絵からは何も伝わってこない。生命が宿っていない。絵を描くのに学校へあがっちゃだめなんだ。人から教わって絵を描くなんてアホなことだ」

はき捨てるように言って画廊を出る。

一同、先生のあまりの迫力に驚いて、しんとして後に続いて階段をのぼる。

「私はね、思ったことは、はっきり言うね。いま、はっきり言う人がいないんだ」

二軒目の『シロタ画廊』へとむかう。

この画廊とよく仕事をしている先生は到着すると、まず応接室でオーナーの白田貞夫さんと商談をはじめた。展示室では李禹煥のパリの老舗版画工房イデム（旧ムルロー）で刷ったリトグラフの作品展が行われていた。

「私が刷ったほうがよいのに」

李氏の作品も刷る先生は白田さんに向かって言う。

「みんな刷り師の人はそう言うんです。自分のやったものがいちばんよいと思っているから」

白田さんが苦笑すると、先生は僕らを応接室の奥へと連れて行く。

そこには一九七三年に先生が刷った李氏のリトグラフがあった。

「これは和紙に刷ったんだ。ほら、紙に表情があるでしょう。いまこれ、いくらするんですか」

「最低、百万円」

「そんなにするのか」とびっくり顔の先生。

「当時はね、これだけの刷りができるのは木村さんしかいなかった。みんな木村さんを見習っていたよ」と白田さんが言うと、

「はい、では行きます。月がかわったら集金に来ます」とちょっと照れたような表情をして画廊を出る。

三軒目、『番町画廊』へ。古くから池田満寿夫の展覧会をやってきた画廊だ。

壁の作品をみて先生は、

シロタ画廊にて（左から、木村希八先生、牧野、須曽、川原）

「初期の、この頃までの作品はいいと思う。私の思い込みかもしれないけれど。池田満寿夫っていうのはね、晩年に評価をされても、そのことにはこだわらずにぬけぬけと、しゃあしゃあと、いろんなことに挑戦することをやり通した作家。でも作家がいい作品をつくるのは十年間だけだ」

それを聞いた同人の川原真由美が、ちょっとあせった顔をして「ずっとっていう人、いないんですか」ときく。

「なかなかいないねえ」

たしかに、生涯画家としての仕事をつづけて、わずか十年間しか評価されないのはさみしいと僕も思った。

もともとは銅版画の作家だった池田は、「リトなんて絵じゃない」と語っていたが、一九六六年頃から先生とリトグラフの制作をはじめたという。

「版画というのは四版までだと思う。私が何も言わなければ、作家は六版も七版もやるだろう。私はね、刷り師だから版が多い方が儲かるのよ。だけど大事なのは、いい作品を残すこと。食っていければそれでいいんだよ」

僕はふと、自分が学生時代にリトグラフで七版刷りをやっていたときのことを思い出した。そのとき先生から、「君、木版の一色刷りをやるといいよ」と指導されたのである。しかし、こんなに色んな色のインクがあるのに、どうしてそんなふうにして地味な作品づくりをしなければならないのか、と反発して、やらなかった。先生は、そのときも版を増やすよりも、まずひとつの版を使ってどれほど表現ができるかを学ぶことが版画の基本だと教えたかったのだ。それから二十年近くたった今ごろになって、ようやく僕は当時言われた意味を理解することができたのであった。本当に、美術を学ぶのには時間を要するものだと思う。入口近くに山村昌明という作家の絵があり、

「もう亡くなったんだけれど、山村は池田満寿夫の六十年代の銅版の刷りを手伝った方でもある」

先生はそう言って画廊を出た。

四軒目、『瞬生画廊』。もともとこの場所は、香月泰男の事務所だった。香月が現オーナーの藤田士朗氏をひっぱってきて、自らの好きな言葉「一瞬一生」から名づけて画廊にしたらしく、香月泰男や松田正平、広瀬美帆らの作品が常設されていた。

五軒目、『みゆき画廊』。一九六〇年代からつづく画廊で、ここでは東京藝術大学の卒業生たちがよく展示を行っている。毎年、同校に勤務するようになった教授、非常勤講師、助手などで画廊のカレンダーを作っていて、藝大で版画を教えていた先生も参加していた。

「昔、ここで香月さんが『母子シリーズ』のタブローを展示していてね、値段がたしか一点二十万円くらいだった。その頃の私の給料の二ヶ月分。あのとき思いきって買っておけばよかったなァ」

先生はそんなことをつぶやいて、六軒目『銀座洋協ホール』へと向かう。ここは日本洋画商共同組合が運営する画廊。アフリカや韓国、琉球や対馬などの古布、野良着など、まるで民俗博物館のような展示をしていた。先生は、来年ここで展覧会を開くらしい。

七軒目、『ギャラリーヴィヴァン』。

版画作品の展示を行っていた。先生は在廊していた作者と技法について語り合っていたが、やがて展示された作品に用いられている紙についての指摘をはじめた。

「いま版画をやっている人は、みんな同じような紙を使う。安い紙を使いなさい。わら半紙のような。変色したってかまわない。その方が表情があっていい」

さらに、絵の内容についても「余計なものを描かなくていい」と遠慮のない意見を言った。

頭ごなしに自作を批判された作者は、やや顔をこわばらせながら反発する。

「お説はごもっともですが、にわかには賛成しがたいです。私、わら半紙のような安い紙を使って後で変色するのがいやなんです」

それを聞いて、先生は作品についての客観的な議論へと展開することなく、ただ感情的に自作を弁護するような返答にがっかりしたのか、それ以上は何も語らず、さっさと出て行く。通りを歩きながら、

「私がね、あえてわら半紙と言ったのは、版画をやる人の絵づくりがみんな似通っていてつまらない、と言いたかったから」

八軒目、『ギャラリーなつか』。次から次へと実にテンポよく画廊を訪ねてまわるのである。

ビルの上階にある画廊へ行くためのエレベーターの扉が開くと、なかから着飾った中年女性たちが降りてきた。すると先生はしばし目を奪われ、

「年とってもね、きれいな人をみるとヨダレをたらすくらいでないとね」

彼女たちと入れちがいにエレベーターに乗り込むと、こう言ってボタンを押して扉を閉じた。この画廊では日本大学芸術学部で助手をしている宮澤真徳氏が個展を行っており、アルミ版で刷った版画作品が展示されていた。しばらく見ていると、画廊の奥から宮澤氏が出てきて、

「木村さん、こんにちは」

と先生に声をかけてきた。挨拶すませると、先生はさっそく刷りについて話しはじめる。

「いまの人はみんな版をきれいに布でふきとってしまうけれど、油膜を残したまま刷った方がいい。アマニ油をインクに混ぜてね、版をふくときの布をヴェンベルクにしなさい。そして、ちょこちょこふくのではなく、こうやってさあっ、さあっと大きく。もっと刷りが下手にならないとダメだよ」

宮澤氏は熱心に耳を傾けていた。

「版に絵づくりをするときもね、こうやって靴の裏でふみつけて（床に自分の靴をぐりぐり押しつける動作をして）、キズをつけてそこに描くといい。版

画というのを忘れてつくった方がいい。基本は恩地孝四郎たちがやっていたようなモノタイプ。一点一点という考え方。いまはね、版画協会とかいうのがあって、版画の技術ばかり教えて、バカなことをやっている」

九軒目、『コバヤシ画廊』。川俣正展。立体、半立体、ドローイングなど初期の頃からの小型の作品がならんでいた。

「最初にこの作家の作品をみたとき、どうやって展開していくのかなあと思ってた。彼の作品のいいところは、お金をかけず、素材の力を利用してつくっているということ。この作家の作品は、この画廊くらいのスペースでの展示がいい。ああ、これは来てよかった」

先生はため息をつきながら、実に満足気に語った。

さて、十軒目にむかうところで、僕は、少々疲れてひと休みしたくなった。

「先生は途中で、喫茶店に入って一服なんてしないんですか」

うながすようにやんわりと聞いたのだが、

「しない。最後に一杯やればいい」と即答される。

なんとストイックな画廊めぐりだろう。しかし、がっかりしたことが見抜かれてしまったようで、特別に喫茶店でひと休みすることになった。僕は、座席に深々と腰をおろすと、まだお昼を食べていなかったので、コーヒーとホットドッグを注文した。

一息ついたところで、ふたたび画廊めぐりがはじまる。十軒目、『巷房』。版画作品が展示され、作者が在廊していた。さっそく作者に質問する。

「これは何」

「インクジェットでプリントした上に、リトグラフで……」

「その、パソコンで、なんとかかんとか、というのはやめた方がいいな。余計なことをするから作品に生命が育たない。もっとストレートに刷りと向き合って表現すべきだ。もし私がこの作品を買って部屋に飾ったとしても、すぐにあきちゃう」

画中の、少しこってりと紙の上に盛り上がった部分をさして、

「この黒は……」

「墨で刷ったんですけど、物足りなくて顔料を混ぜてみたんです」

「また、そんな余計なことをしてるんだ」

と、眉間にシワをよせた。せっかく墨を用いるのであれば、墨に他のものを

混ぜて複雑にしていくのではなく、素朴に、愚直に墨が本来持っている表情を追究すべきだ、ということだろう。

十一軒目、『ギャラリー現』。ここでは画廊の空間全体を使ったインスタレーションの作品が展示されていた。壁に黄色い糸と黄色の絵の具を用いて直線で抽象的な図形が描かれており、部屋の中央付近にうるし塗りの柱が一本立ててあった。先生はその場にいた作者に、いきなり、

「この柱はない方がいいよ」

と言う。すると、一緒にいた画廊のオーナーが、

「そんなことを言っても、この作品は柱からすべてがはじまっているので……」

「うむ。あってもいいけど素材がよくない」

「いや、彼は、うるしをやっているから、うるしで……」

「うるしをやっているからって、うるしでやることたぁない。それがいけない」

かなり断定的な先生の言い方に作者は反論する余地もなく、

「参考にしときます」

と言ったきり、黙ってしまった。

なんとなく、気まずい雰囲気になって、この画廊を出ることになる。そして、エレベーターを降りると先生は、

「僕が言いたいのは、こうなんだ。つくる人は個なんだが、つくったものは個じゃないんだ、ということ」

作品が一方的に作者の側の事情でつくられていることに閉塞感のようなものを感じたのでだろう。作品というものは、つくり手のものでありながら、一方で、同時に鑑賞者のものである。たしかに、そうなのだが、その両者を同時に満たすのは容易なことではないだろう。

十二軒目、『ギャラリー山口』。

地階の展示空間のなかに象の皮膚のようなぶよぶよした肌合いの、大きな白い素焼きの陶製のバラの花が奇妙な存在感を放って置かれていた。

「なぜ白くしたのですか」

傍らにいた作者に、僕が質問すると、

「釉薬とか使わずに、焼物の形だけを見せたかったんです」

と答えた。それを横で聞いていた先生は、

木村希八先生。ギャラリー山口にて

「これは色をつけていたらだめよ。でも……、作品の全体像を考えると、この皮膚の状態には問題があるが……」

と言って、ゆっくり首を縦にふりながら、この大きなバラの花びらを見つめていた。バラという具象的な内容と離れて、単なる陶器のオブジェとして見たならばどうあるべきか、と考えておられたのではないだろうか。

階段をのぼり一階の展示室へと向かう。そこでは堀浩哉のドローイング作品展が開かれていた。ぐるりと作品を見渡して、先生は、「堀浩哉が堀浩哉にはまりすぎている」とつぶやく。

十三軒目、『ギャラリー川船』。野田哲也の『Diary oct. 12 1974 27/30?（たばこ）』という平面作品が展示されていた。画面の下の方に煙草の吸い殻が並んだだけの作品である。先生は、

「この煙草の作品は野田哲也が吸った煙草かと思うが、息子の吸った灰皿の煙草をモティフにしてブロンズの作品もつくったこともあった。野田は、身近にある物を使って、木版と謄写版との併用で多くの版画をつくりつづけている作家なんだよ」

と解説をしてくださる。

十四軒目、『かんらん舎』へ。戦前の創作版画の運動に参加した藤牧義夫の木版画展。僕は、見ているうちに、この版画が欲しくなって先生にどのくらいの値段かとたずねてみた。すると先生は眉間にシワを寄せ、手を横に振って、「無理、無理」という合図をした。数百万円もするらしい。たしかに、僕には買えそうもない。

十五軒目、『T-BOX』。ラファエル・ナバスというスペイン出身の作家の陶芸作品。絵が描かれた皿やカップがところ狭しとならんでいる。先生は、この作家の絵を買ったことがあるという。

「とにかく作品を制作する量が多くて、いつも数がすごい。このコーヒーカップの絵だって計画的に考えて描いていない。おそらく手が自然に動くのだろう。日本の作家にはないパワーを持っているね」

この画廊から出た頃には、銀座の街は日暮れてうす暗くなっていた。さらにあと数軒まわる予定だったが、ここで打ち切りということになった。いやはや、それにしてもよく歩いたものだ。さて、お疲れ会に一杯やろう、とみんなで先生おなじみの居酒屋へと向かう。

お酒が入ってからも先生の授業はつづき、この日は、銀座の街が一日美術学校のようだった。先生が行く先々で率直にご自分の意見を述べられる姿は実に刺激的で、傍で聞いていた僕たちも学ぶことも多かった。画廊は、次々と世に出てくる美術家たちの源流であるから、ここでは、まだ評価が定まっていない作品と接することが多い。それだけに、当然ながら、よいと思うこともあれば、つまらないと思うこともあり、作者の方にも、鑑賞者の方にも緊張感がある。先生のように、出会った仲間たちと率直な考えをぶつけ合うことが必要であると思う。たとえケンカになっても。

一番大切なものはわからなかったが、多分、それは教わるようなものではないだろう。また教わったからといって、自分のものになるわけでもない。それどころか、ずっとわからないものであるのかもしれない。ただ、知りたければ、先生のように、時間をさき、自分の目と足、言葉を使って自分で見る目を養わなければずっとわからぬものなのであろう。

葛西薫のデザインと芸術

葛西薫（かさいかおる）
一九四九年札幌生まれ。文華印刷（株）、（株）大谷デザイン研究所を経て、一九七三年（株）サン・アド入社。サントリーウーロン茶（1982-2010）、ユナイテッドアローズ（1997-）、虎屋（2002-）などの広告制作およびアートディレクションのほか、映画、演劇のポスター、CIサイン計画、装丁など活動は多岐。近作にNHKみんなのうた「泣き虫ピエロ」（2013）の動画、HIROSHIMA APPEALS 2013のポスター、TORAYA CAFÉ・AN STANDのCIパッケージ（2016）、映画「海辺の生と死」（越川道夫監督2017）の宣伝制作などがある。

七月（二〇〇二年）、台風七号が近づいたむし暑い日、同人数名で東京丸の内にある広告制作会社サン・アドのアートディレクターの葛西薫さんを訪ねた。

大学を卒業した後、僕はこの会社に入社して五年間ほどデザイナーとして働いていたから、葛西さんはいわば会社の先輩という訳だが、ただ同じ社内にいたからというだけで気安くそのように呼べないほど、日本のデザインの世界では偉大な存在である。入社する前から、僕はファンだった。以前から広告づくりを中心とした葛西さんのデザインの、デザインという枠におさまらない芸術的な作品世界に魅せられていて、いつかその秘密についてたずねてみたいと思っていた。

当日は、東京駅丸の内北口で午後二時半に待ち合わせをした。会社までは歩いて十五分だったが、あまりの暑さにみな悲鳴をあげ、タクシーに分乗、サン・アドのある皇居前のパレスビルまで行く。社内の雰囲気はリフォームをして、僕が勤めていた頃とはすっかり変っていた。受付で来意を告げると、しばらくして葛西さんが現れ、

「うわっ」

と声をあげた。こんなに大勢で来たのか、という驚きであるらしい。

そして、エレベーターを使わず、わざわざ重い鉄の扉を開けて、ビルの非常階段から階下の会議室まで案内してくださった。ちょっとしたことだが、これも葛西さんの気づかいによる演出で、僕らはビルの裏通りのような通路を歩いて少し緊張から解放されるのだった。

会議室の窓からは皇居が一望できた。皇居の森のむこうに夕日が沈んでいくのがたいそう美しいという。しかしまだ時間が早く、強烈な西日がさし込んでいた。僕たちはブラインドを下げるのを一緒に手伝ってそれぞれ席についた。

株式会社サン•アド会議室にて。（前列左より）倉若さん、末房君、須曽さん（後列左より）樋川さん、牧野、葛西さん、内藤君。※株式会社サン・アドは、その後青山に移転

孫悟空のこと

この日うかがう話のテーマは「絵画芸術とグラフィックデザインの関係について」。

しかし、これはやや気負いすぎたテーマであった。テーマが大きすぎて漠然としていたために主催者であるこちら側が、何から質問したらよいかわからなくなった。もっと具体的な質問を準備しておくべきだった。葛西さんなら会うだけで面白いことを話してくれるだろうという甘えがあったのである。

そんなことを反省しながら、まず葛西さんがアートディレクターとして関わっている、サントリーウーロン茶の駅貼りの広告ポスターの仕事についてうかがってみる。

「あの広告に使われているマンガのキャラクターのようなイラストは、誰が描いたのですか」

「ああ、あれは孫悟空の絵でね、中国で三十年以上も前に作られたキャラクターで、京劇の日本講演のパンフレットに小さく載っていたのを見つけた。そのアニメーションを探し出して、少し手を入れたんだ。作者は張光宇という人でもう亡くなっているんだけど」

「最近美術界の若い人の間では、奈良美智さんのアニメキャラクターのような作品が話題になっていますが、あのポスターのビジュアルも、そのような時代の空気を意識していらっしゃるのですか」

「それは、まったく無い。ウーロン茶の広告はもう二十年続いているんだけど、今回広告主側から、今の若い人たちにもアピールするような表現内容に変えてほしいと要望があった。そんな折、たまたまあの絵に出会った。マンガでも写真でもおもしろいものはおもしろいし、楽しいものは楽しいという考えがもともとある。


それはともかく、奈良さんや村上さんのアニメキャラクターの作品群が、世界に通じる日本独自の漫画から生まれた芸術であるなどと説明されたとしたら、がっかりしてしまう。計算ずくでやっているようで面白くない。アニメーション界がどうだとか、経済界がどうだとかいうことで作品が作られているなんていう話はききたくない。

奈良さんは、もっと表層的なことがきっかけで作品を作っているんじゃないかなあ。描くということを楽しんでいるうちに、無意識にああいう世界にたどりついたのでは。こういった色が美しい、とか、こんな形や質感が好きだ、とか。たとえば、りんごを描きたいから赤色の絵の具を使うのではなく、赤色が使いたいから、りんごを描くというようなことってあるよね。

僕の話をすると、何か絵を見たときにあまり感じるものが無くても、頭のどこかに残っていて、しばらくたってから、いろいろなことを思うようになる。絵というのは、そんなふうに見て楽しむものではないかと思っている。

孫悟空の絵を選んだのも、ああ、この絵の頬の感じがいいなあ、とか、色や形が美しいなあということから。理屈や、それにともなう感情的なことはあとからやってくる。子供は言葉にしないけど、頭の中ではいろいろなことを考えていて、言葉にする前の感情があるでしょう。あれと同じ。それ以前にこういう時代だからこういう内容のものを作らなければならない、という考え方をしてしまうのはいやだ」

芸術について

「どのようなものに芸術というものを感じますか」

「アートについてどう思うか、とか、アートと芸術、デザインと経済について、とか質問をされることがあるけれども、できればこういう質問は避けて通りたい。芸術ってなんだろうね。アーティスト（芸術家）という言葉は、アルチザン（職人）からできたんだよね。

質問されている「芸術」とは違う意味での、俗っぽく「芸術」という場合の話になるけれど、たとえばサムライの世界。座頭市が間合いをとって刀を振り、最後に何の狂いもなくピシッと鞘におさめる。ああいうのを見るとぞくぞくっとして素晴らしい、芸術的だ！　と拍手したくなる（笑）。

僕の父は大工だったんだけど、子供の頃、よくそばで仕事を見ていた。角材と角材にほぞ穴をつくって組み合わせるとき、凸側は何の図面もなしに直角にノコを入れて、凹側のほぞ穴はノミで削る。それを木槌で打ちこむと、何の狂いもなくピタッと合って抜けない。そういうのに感動してしまう。

本題にもどると、はじめて芸術という言葉を感じたのはピカソだったかもしれない。先生から美術の教科書を見せられて、これが芸術だといわれたのがピカソとの出会い。形も色もめちゃくちゃに描かれた絵を見て、こんなものだったら誰でも描けると思った。これが芸術だと押しつけられることに反発も感じた。その頃の僕には、ただ「チンプンカンプン」とか「はずすこと」のように思えた。

しかし、その後、ピカソの絵は彼の人生の喜びにあふれた時代、いろいろな不幸な時代などの感情を表現しているということがわかるようになった。単に綺麗な形を描くとかではなくて、素直な感情が線になっていることを知った。これは簡単にできた線ではないぞ、と思うようになった。肖像画ひとつでも生活が表現されている。絵というのは、日々の営みをあらわしている。最初は先生から教わったものだったけど、そんな絵の見方をするようになって、いつの間にか自分自身のことと重ねて思えるようになった。いま歳をとって、ピカソはいいものだ、心からいいなあと思うけど、それまで三、四十年かかった。

新しい芸術とか、これからの芸術を創造するとかいう話になったとき、すでに地球上では絵にしてもデザインにしても、先人たちが極めつくしてしまっている。いま、あえて「芸術」とは何であるかと定義したり主張したりしなくても、本当に新しいものなど無くて、僕はただ追体験しているだけなのかもしれないと思うことがある。まあ、こういうのは今僕のやっていることへの言い訳だけど。

アート論や芸術論という話をしている場にいると、空論に空論を重ねているような気がして反射的に歌謡曲の話などをしたくなる。そういう話だとか、僕はずっとバドミントンをやっているんで、いつの間にかコートの中でいかにジャストミートできるか、いかに体調を整えて試合にのぞむか、というような、手ざわり感のある問題について考えてしまったり……。要するに、話をそらしている（笑）」

ノートからのデザイン

「葛西さんはいつも日記帳のような小さなノートを持ち歩いていますね」

僕は以前、このノートをのぞかせていただいたことがある。そこには、旅先でのスケッチやらデザインのアイデアスケッチなどが描いてあった。あのユナイテッドアローズのロゴ・マークのデッサンや、恩地孝四郎の抽象芸術に関する一文などもあって興味深かった。

「絵でも言葉でも思いついたら書きとめているんだけど、もう何冊目になるかなあ。十年ほど前からはじめたんだけれども。旅先でスケッチがしたいのではなくて、旅先で旅日記を描くような人になりたいと思って。何年も前にただ漠然と描いた形が後にずいぶん役に立ったこともあって、けっこう自分のメモに助けられることがある。そう考えると、新しいとか古いとか流行りとかにあまり興味がない。

実際にデザインを考えるときは、自己を主張したり、ある偏った思想に固執することなく、いつもニュートラルなものにしたいと心がけている。と言いながら、ヨシ、人生の後半はピンクかな（笑）、なんて思っているとそのとき作るものはピンクになってしまう。矛盾してるんだけど。結局自分に都合のよいことをやってるんだと思う。

だけど今までこの仕事をやってきて思うことは、広告のデザイナーというの

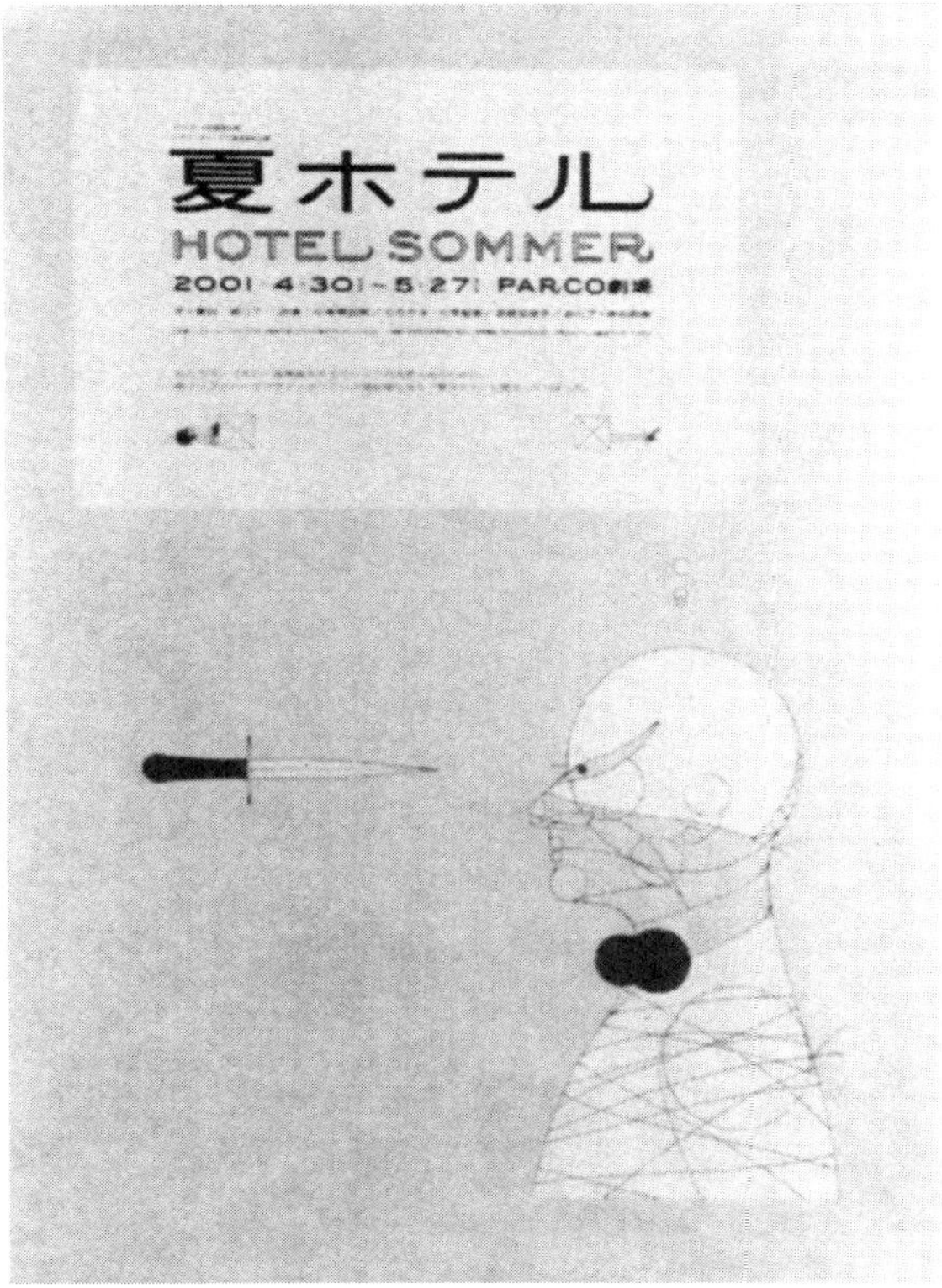

演劇「夏ホテル」のポスター（2001年）

は、自分が作りたいものを作るというより、自分以外のコトを見つめるものじゃないかと思う。例えていえば、どんなものでも、みんな何らかの魅力をもっているはずで、それを百としたら三十か四十くらいにしか見えていないかもしれない。それをできるだけ百に近づけてあげるようとするのが仕事ではないか。百を百五十にはできないけれどね。広告で作り手の事情があふれているものはあまり見たいと思わない」

「十年ほど前に銀座で個展をされましたね。ギャラリーの天井から、三メートルもある巨大な和紙に奇妙なプロペラや胃袋のような形を連想させる絵が描いてありました。あれは葛西さんの仕事のなかでも個人的な作品であるという印象を受けました」

「あのときはやっているうちに思いついたんだけど、空気がテーマ。自分の描いた図形について、袋がここにいくつありますだとか、プロペラがいくつありますだとか、ただそういうことがしてみたかった。表現というよりも図面とか表示というようなもの。広告のように依頼主がいて共同作業でつくるわけではなかったから、思いきり個人的なことをやってみた。

その後、あんなふうな個展はやっていない。とくに創作欲というような渇きがあるわけでもない。自分から個展をやろうとは思わないけど、僕の場合、ひとたび会場が決まればそこからがーっとやると思う。ようするに、先に何らかの条件が整うことが僕にとっては必要なんだと思う」

なぜデザイナーに

「いつごろデザイナーになろうと思いましたか」

「中学の美術の授業で色紙を切って貼る色面構成をやってね、でき上がった作品を担任の先生からほめられた。同じクラスに絵の上手な美術部の生徒がいて、先生がその子に葛西はデザインに向いている、と言ったらしい。そんなこともあって、おぼろげに僕はいわゆる絵画的なものよりデザイン系のタイプなのかな、と思った。

もともと電気技師とか機械技師、部品製造などに心ひかれるところがあって、いまだに部屋の配線など見ていると、気になって仕方がない。しくみ、というものに興味があるんだと思う。だから、『2001年宇宙の旅』の宇宙船のドッキングのシーンなど見ていて、設計して割り出した数値と実際の動きがぴったり一致するといった美しさにどきどきする。

高校の頃にはデザイナーになろうなんて思ってなかった。北海道の室蘭栄高校という学校に通っていて、他の同級生と同じように大学を受験する予定だった。しかし兄弟が六人いて大学に行くなら学費は自分で稼いで行け、と言われ、それであっさり進学をあきらめて、家の近くにあった日本石油を受けてみることにした」

「どうしてその会社を選んだのですか」

「ただ、家に近くて大きい会社だったから。ところが面接試験の日に寝坊して、大急ぎで自転車をこいで、一山越えて踏切りを渡ろうとしたときに転倒してしまった。そのまま手から血を流しながら面接に臨んで（笑）。面接官もびっくりしたと思う。で、入社試験は不合格。それで今度は国家公務員の試験を受けようということになり、兄のすすめで税務署を受けて合格したんだけど、本人の最終意思を確認するための手紙が届き、不採用の方にまる印をつけて返信した。どう考えても税務署勤めはいやだなと思って。しかし、さすがにこのことでは父親にずいぶん怒られた。で、もう後がなくなり、いろいろ考えて、好きなことをやってごはんを食べられれば、と札幌で看板描きみたいな仕事につければと思った。

ところが高校の就職担当の先生にそのことを話してみたら、おまえはなんと望みの小さい男かとあきれられ、デザインをやるならば東京へ行きなさいとすすめられて上京することになった。

その頃同級生の友人がレタリングの通信教育を受けていてね。興味があったから、教材を借りてやってみたら、とても面白い。それで僕も受けることにして、明朝体とかゴシック体とか活字の基本を教わり、映画タイトルなど自由レタリングにも夢中になった。そんなわけで、少しデザインの知識が身についていた。そこに、たまたま文京区にある文華印刷という会社から高校に求人があった。通信教育のおかげでデザインをやるなら版下を学ばなければと知っていたから、版下部門を志望して、ここで働くことになった」

このとき社長夫人に東京の街を案内していただいたことが忘れられず、三年前、山名文夫賞を受賞したときに、パーティでの花束贈呈役を彼女に依頼したという。

「文華印刷では毎日何枚もチラシのデザインをやった。ちょうどこの頃、渋谷西武や池袋パルコがオープンして、その関係のデザインや写真を目にしながら、それらの版下も作った。すごく刺激的だった。大谷デザイン研究所に行ったのは、その西武の仕事をしている会社だったことと、大谷四郎さんが文字の研究者だったから」

それから現在のサン・アドへ移り、数々の素敵な仕事をつづけることになる。

画家との共同作業について

「イタリアのトッカフォンド氏や大竹伸郎氏、その他多くの画家と仕事をされていますね。葛西さんとの仕事では、どの作家も、のびのびと絵を描いているように思うのですが、何か心がけていることとか、方法論などあるのでしょうか」

「うーん。その人の絵が好きだということかな。性格は別々だけど、好きだからわかる。僕がその人だったら、と想像してアイデアを考え、場を作る。描き手にとっては自由なような不自由なような……。そうすると、結果として面白くなるんじゃないかな」

「嫌いだとだめですか」

「それなりになんとかなる。しかし、面白いものにならない。お互いに納得の上で面白がれる距離を保ちながら仕事と向き合うことが大切なんだと思う。

以前、サントリーの夏のギフトの仕事で、画家の須田剋太さんに絵をおねがいしたことがある。彼のもとに依頼にうかがうと『私はサントリーの社長も知っているというのに、そういったルートからではなくて君は直接僕のところに話に来た。そのことが気に入った』と快諾していただいた。数日後、会社へどっさり絵が送られてきた。ところがそのとき、『この絵を切ろうがどうしようが好きにしてくれ。なぜならば、これは君の仕事だからだ。そのかわり、僕は君の仕事を見てよくないと思ったら、僕は君のことを軽蔑するぞ』と言葉が添えられていた。このことは僕にとって、ものすごいプレッシャーになった。

そして印刷物になった後、彼のもとに届けると手紙が来た。

『僕はプラトニックラブのごとく、君を愛する』

これには本当に感動させられた。当時、須田さんは八十歳くらいじゃなかったかな」

「海外の画家とも仕事を多くしていらっしゃいますが、どんな点が日本人の画家と仕事をする場合と違いますか」

「お互い言葉も文化も違うから、動物は、だとか、人間の感情は、だとかいう大きくて基本的な、そして国籍の存在しないところのコミュニケーションになる。互いに共通の、言葉にならないキーワードを探そうとする。インターナショナルな感覚というのか。仕事をするうえで、話が早くて短い。（世界的な映画監督である）侯孝賢《ホウシャオシェン》が演出した、日本のあるコマーシャルのタイトルワークのために台湾に行ったときのこと。僕は、ちょっと自分でもキザだなあと思うところに文字をレイアウトした。それを見せると見事に見抜かれて、『作為的なレイアウトだ。もっと見やすくしなければいけない』と言われてしまった。そのときは恥ずかしかったなあ。こんなふうに感覚が国境を越えて共有している点に気づかされる」

僕がサン・アドに入社して間もなくの頃、都内でデザインの会社に就職した新入社員たちを集めた研修会で葛西さんの講演があり、出席したことがあった。そのとき葛西さんが「デザイナーは手で考える」と語っていた。それは、とても印象的な言葉だった。そのことをふと思い出した。理論と現実の隙間にある何物かを探るために、頭だけで考えようとはせずに、まず手を動かし、描いてみる方が、わかりやすくなる。芸術というものは、たしかにある。しかし、それは手が届くくらいすぐそばにあるのに、どういうものであるかと言葉で語るのは簡単ではない。「芸術とは何であるか」。あまりに直截で乱暴な質問であるが、葛西さんならうまく言葉にしてくれるかもしれないと期待していた。しかし、葛西さんは、それにはすぐに答えようとはせずに、丁寧に、まず、自分が体験したことを取り上げ、手ざわり感のある話をしてくださった。きっと自分自身が芸術を言葉で定義してしまうことは、得ることよりも失うことの方が多いし、面白くなくなると思っているからだろう。この日、話をうかがいながら、偉そうに、安易に「芸術とは」などと定義するよりも、僕は、まずとことん描いて、そのことを楽しむべきだろうと思ったのだった。

坑夫の描いた絵

山本作兵衛（やまもとさくべえ）

一八九二年福岡県生まれ。立岩尋常小学校卒業後、飯塚高等小学校へ入学するが、わずか八十日通学して家庭の事情で退学。独学で文字を学び、鍛冶工、炭鉱夫として働きながら絵を描いていたが、日々の多忙のため絵を断念。その後、四十年余り生活に追われて筆を持つ余裕がなかった。二十五歳で結婚。六十三歳で炭坑を退職した頃から炭坑の記録画を描き始める。画集に『明治大正炭坑絵巻』（一九六三年）、『炭鉱《ヤマ》に生きる』（一九六七年／講談社）、『筑豊炭坑絵巻』（一九七三年／葦書房）、『王国と闇』（一九八一年／葦書房）。一九八四年死去。二〇一一年に、一連の炭坑記録画及び日記、ノート類がユネスコ世界記憶遺産に登録される。

ボタ山

僕の郷里の九州・小倉から南の山のほうへ向かい、金辺《きべ》峠のトンネルをぬけると、そこが筑豊だ。

かつて、ここは国内最大の採炭量を誇る炭鉱地帯がひろがっていた。このへんの人々は川筋《かわすじ》気質といって、気性が荒々しいことで有名である。

一九五〇年代はじめの最盛期には、五百以上の炭鉱があり、十二万五千人の鉱員たちがいた。ここでは地中深く、モグラの巣のように掘った穴から石炭を掘り出していた。

僕がまだ少年だった一九七〇年代のはじめ頃は、この炭鉱の象徴であるボタ山と呼ばれる山をところどころに見ることができた。これは石炭を掘る時に出る廃石を積み上げたもので、草木もないまっ黒な三角山だった。住居や木々のなかに、突如このようなものがそびえている風景は、まるで今日の環境芸術作品のようであった。

小倉と筑豊をつなぐ日田彦山線では、石炭を満載した荷物列車が蒸気機関車に牽かれていた。長いうえにのろのろ走るので、なかなか踏切があがらなかったが、僕はこれを見るのが好きだった。当時この鉄道の踏切では、列車が来るたびに小屋から鉄道職員が出てきて遮断機を上げ下げした。制服を着た人が大きなハンドルを回し、ワイヤーを巻き上げる様子が面白くて見ていたのを覚えている。子供心に、この人が居眠りでもしていたら大事故になるなどと心配したものである。

ちょうどその頃、日本がエネルギー源を石炭から石油に切り換えたために、筑豊の炭鉱は多くの失業者をかかえ、日に日に斜陽の趣きを色濃くしていた。

炭鉱の記録画家の山本作兵衛は、そのような時代に、この筑豊炭鉱から突然現れた。

かつて炭鉱の象徴だった巨大な赤煉瓦の煙突（田川市石炭・歴史博物館内）

作兵衛との出会い

僕が、山本作兵衛の絵と出会ったのは、まだ作兵衛の絵がユネスコの世界記憶遺産となり、ベートーヴェンの楽譜やアンネ・フランクの日記と並び称される以前の二〇〇二年頃のことだった。

三十歳を過ぎた頃、僕は、絵を描くために幼い頃の記憶をたどってみようと、東京からたびたび生まれ育った小倉に帰省しては、街の周辺をうろうろして、自分の原風景を探し求めていた。そんなあるとき筑豊へスケッチ旅行に出かけ、ふと田川市の「石炭資料館」へ立ち寄ってみたことがあった。

隣街でありながら、僕は炭鉱についていては「炭坑節」と「ボタ山」くらいの知識しかなかったので、そこに展示されていた坑道や選炭場、炭住と呼ばれる炭坑労働者の住む長屋などの模型、当時坑内で使われていたというダイナマイトや機械類などを興味深く見てまわった。乳房を石炭で黒くして裸で坑内で採炭する女性の等身大の蠟《ろう》人形などは、ぞっとするほどリアルであった。

ここには学校の文化祭などでよく見るパネル展示のような、かなり適当に展示された絵も数十点あった。当時の炭鉱の様子や風俗を描いたもので、炭鉱街へ来た物売りや紙芝居屋、群がる町の子供たちなども描かれていた。

タッチを見て、すべて同じ作者によるものだとわかったが、僕は、はじめ地元の絵の上手な看板屋さんが趣味で描いた絵だと思った。しかし、看板屋さんが描いたにしては、人物の表情などの描写に妙に深い味わいがあるなと感じた。どこかおっとりしていて、物語の挿絵のような雰囲気があるのだ。過酷な労働現場であったはずの炭鉱だが、そこに描かれた人物は、みなおどけたような表情をしていて、まるで遊んでいるようにも見える。そして、画中には絵の場面の説明をする文章が一字一字丁寧に書かれて添えられているのだが、旧漢字や知らない単語が多くあるうえ、文章自体の意味がわからなかった。まともに読めず、こんなことでは、看板屋としては失格ではないかと思った。

それで、考えた。これは、看板屋としては素人の地元の画家が金に困って資料館の仕事を請負ったものの、つい気持ちが入り込んでしまい、その画家持ちまえの能天気な気質が作用して、必要以上に愉快な絵になってしまったのではないかと。文章などは、トンカツに添えるキャベツのようなもので、絵の装飾にすぎないのであろうと。

これは面白い絵を見つけたなぁと思った。ところが、壁にあった説明を読んで、そんな僕の予想はすべてくつがえされることになる。なんと、これらの絵は、山本作兵衛という老坑夫が、自らの炭鉱での経験を記した作品であったのである。一体この絵は何であろうか。胸がざわついた。

傍らのガラスケースに、作兵衛がこれらの絵を描くために用いた画具が展示されていたのだが、サクラ絵の具、安っぽい筆、硯箱、スケッチ帳。どれも画材の専門店ではなく、どこの町にもある文房具店で売られている安価なものばかりである。いつも東京の画材専門店で、少しでもよい画材にこだわって買っていた僕は、安価な画材を用いて実に豊かな表現をしていることにも感心した。

僕は偶然にも無名の素晴らしい画家を発見してしまったのではないかとひどく興奮し、その名前を手帳にメモした。僕はもう自分のスケッチどころではなくなっていた。

資料館を出て、何でもよいから、この画家を知る手がかりはないだろうかと

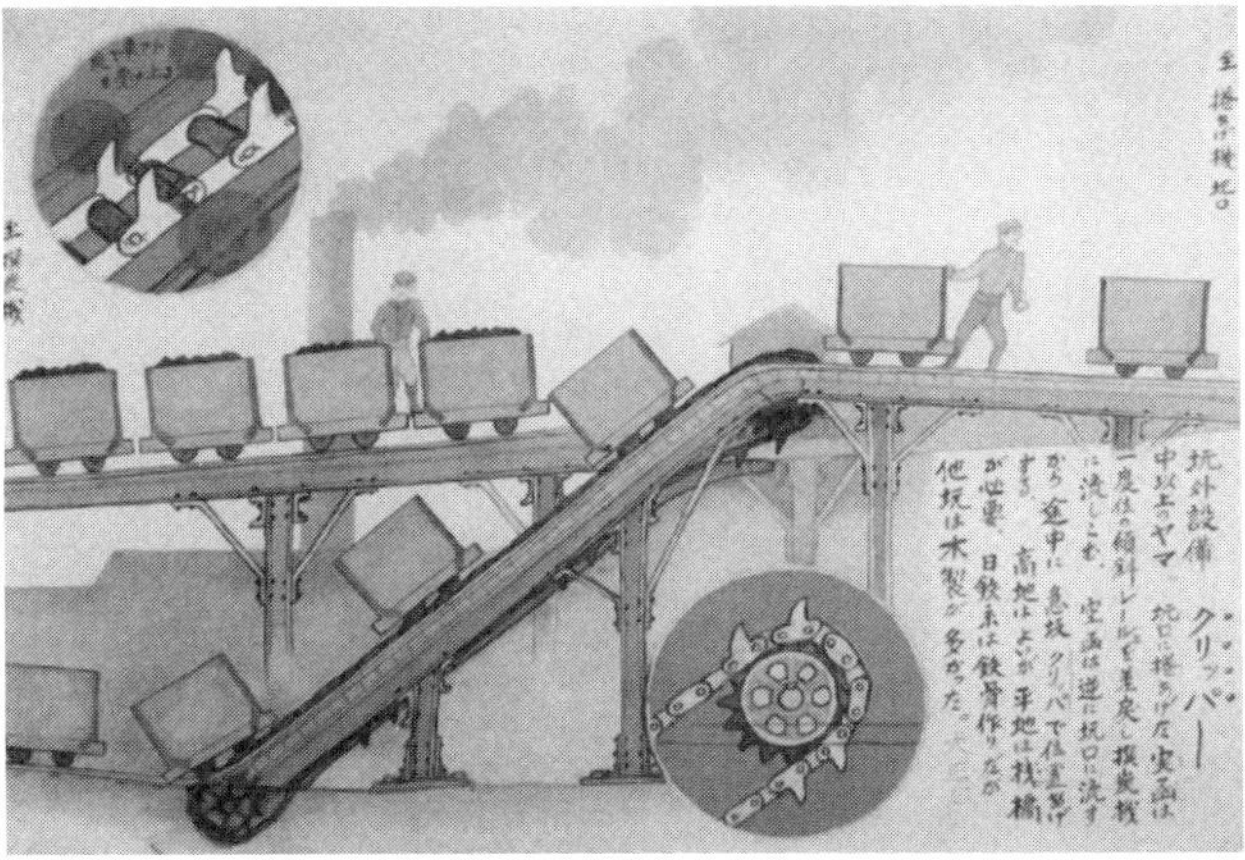

「筑豊文庫」に寄贈された作兵衛の絵の原画（上野朱氏蔵）

思い、近所の本屋へ行ってみた。すると、そこには立派に装幀された『筑豊炭坑繪巻』という彼の画集が売られているではないか。僕は、いてもたってもいられないほど気持ちが高揚して、その画集と数冊の炭鉱に関する本を買って帰った。

炭鉱のこと

さて、山本作兵衛の絵の魅力を知るためには、まず、彼が描いた炭鉱がどういうところであったかを知らねばならない。

「唐津《からつ》下罪人のスラ曳《ひ》く姿　江戸の絵かきも描きゃきらぬ」

これは炭鉱の労働唄「ゴットン節」の一節である。「下罪人」というのは囚人のことではなく、坑夫の蔑称。「スラ」は坑内の採炭現場から石炭を運び出す橇《そり》のことだ。作兵衛は、酒に酔っては、よくこの唄を歌ったという。

九州の筑豊地方に多くあった炭鉱街は「ヤマ」と呼ばれ、ここへ働きにやってきた人々のなかには故郷で食い詰めた農民や逃亡者、脱落者なども多くいて、独特の社会を作っていた。

「あんまり煙突が高いので、さぞやお月さんけむたかろ……」

という炭坑節はこの地のお座敷唄として三味線伴奏で作られたものである。昭和七年に芸妓によってレコードに吹き込まれ、戦後、ラジオ放送によって全国に広まった。当時の炭鉱には、本当に夜空の月まで届くような赤煉瓦の巨大な煙突があったのだが、それは、ずいぶんと機械化がすすんでから生まれた景色であった。それ以前、明治・大正期の炭鉱では、馬力や人力に頼り、ツルハシで炭層から炭塊を掘り出す人間と、それを運び出す人間とが一組になって採炭を行っていた。それぞれ先山《さきやま》・後山《あとやま》と呼ばれ、夫婦一組であることが多かったようだ。

「そのころの坑内では、男も女も、仕事をしながらいつも歌を歌うておりました。なにしろ仕事が仕事ですから、いきおい男女の仲を露骨に表現した歌が多くありましたが、なかには聴いておっても心にしみるげなものも少のうありませんでした。」(『炭鉱《ヤマ》に生きる』山本作兵衛著/講談社/一九六七年より)

坑内の仕事は危険が多く、たびたびガス爆発、落盤、水没などの事故で人が命を落とした。また労務係など、私設警察のような役割を果たすものもあって、労働者たちは暴力的な支配を受けた。窃盗、姦通、逃走などを容疑に、たびたびミセシメと呼ばれる私刑が行われた。

「子どもの私たちは、『おーい、きょうも開坑場でさがり蜘蛛があるぞー！』と大勢そろうて見物に行ったものです。中をのぞくと、後ろ手に縛り上げられた坑夫が天井の梁から吊り下げられて、太い桜の杖で殴られておる。そんな拷問ぶりを、私たち少年はおもしろ半分に眺めておりました。これが社会のしきたりだと思うていたのですから、自分自身があわれであります」（『炭鉱に生きる』より）

「大納屋の広間にごろごろしておる独身者の多くは、外出用の着物一枚もたぬやからばかりで、酒とバクチに身をもち崩していました。」（『炭鉱に生きる』より）

地下に坑道を掘るので井戸水が出なくなり、水不足にみまわれ、掘った石炭は売り物となるため、燃料の確保も大変だった。子供もはやくから坑内に下ったり、子守りをしたりして親の手伝いをしていた。そして、苛酷な労働条件ゆえに、バクチ、マオトコ、ドロボウ、ケンカなどが絶えず、また、いつ事故にあうかもわからない死ととなり合わせの生活で、迷信を信じたり、ふだんの生活のなかでの禁忌も多かった。月一回の賃金支給日が祭日で、坑内で働く馬も休んだが、この日も日頃の労働でたまったものが爆発して、喧嘩沙汰が多かったという。労働の手当ては会社から渡される炭券と呼ばれる金券だった。これはその炭鉱以外では使うことができない私製紙幣で、粗悪な日用品や食料を決められた売店で買うしかなかった。住居は劣悪で、物置き並みであった。所帯持ちは長屋、独身者は大部屋に住まわされていた。

物品の流通もなく集団娯楽施設もなかったので、行商人や旅芸人がよく訪れた。こうした具合で、炭坑夫たちの生活は世間一般から隔離された厳しいものであった。

昭和になって近代化が進み石炭産業が需要を増すにつれて、それまで手掘りだった炭鉱に財閥経営の大炭鉱が出現して合理化・機械化がすすんでいったのだが、作兵衛が描いたのは、こうした機械掘りの大炭鉱の様子ではなかった。自らが若い頃に働き、ほとんど記録もなく、知られることもなかった明治・大正期の炭鉱の様子であった。

炭鉱を描くまで

山本作兵衛は一九八四年に死去している。老衰だった。残念ながらご本人の話をうかがうことができないので、僕は、少しでもこの画家について知りたいと思い、手当り次第、資料をかき集めてまとめてみた。

山本作兵衛は一八九二年（明治二十五）、福岡県嘉麻《かま》郡笠松《かさまつ》村（現在の飯塚《いいづか》市）で生まれた。子供の頃から難聴であった。

父は遠賀川の石炭船の船頭をしていたが、鉄道の開通によって廃業せざるを得なくなり、作兵衛が七歳のときに一家は炭鉱へ移り住むことになる。

「暗いみじめな生活がはじまりました。なんの罰でこんな貧乏暮らしをしなければならんのか、子ども心にも胸がつまって、私は涙を流すことがありました。それを母にみつけられ、なんで泣くか、男は親が死んでも涙をこぼすもんでなか、と叱られたものです。」（『炭鉱に生きる』より）

この頃から兄と共に炭鉱の仕事を手伝ったり、弟妹の子守りに追われ、学校は長期欠席となった。炭鉱へ移り住んで間もなく、坑内で一瞬にして二百名以上の命が奪われるという大きなガス爆発事故が起こったりもして、おそろしかったという。

幼い頃から絵が上手で、弟の初節句のとき知人から貰った加藤清正のカブト人形を毎日描いていた。尋常小学校の習字の時間に、先生の目をぬすんで半紙に絵を描いて怒られたこともあった。小遣いで買った西洋紙を細く切って綴じ、「源平合戦」を描いて絵本をつくって近所の子供に売り、また紙を買って絵を描いたりもしていた。絵が好きだったのに十分な画材を買うこともできなかったことを物語るエピソードであるが、作兵衛は後にこうも書き残している。

「なんといっても食いざかりの年齢です。焼き芋を買おうか、洋紙を買おうかと迷った挙句、腹の虫には勝てずに芋を買い、後悔することがしばしばでした。」(『炭鉱に生きる』より)

十二歳で鍛冶屋《かじや》に弟子入りをした頃には、日露戦争の絵を頻繁に描いたりしていた。

やがて十五歳から坑夫として働くようになると、坑内から上がっては絵を描いた。バクチもケンカも女遊びもせず、神田伯龍、玉田秀斎、村井玄斎などの講談小説を読んではその場面を空想して描いた。

十七歳のとき、人のすすめで絵描きになろうと、近くの都会である福岡の街へ出て「ペン梅」という看板屋へ弟子入りするが、わずか四日であきらめて炭鉱へ戻ってしまう。

「兄貴の五郎はケンカ五郎っちゅうて、仕事はすかん、すかぶら（怠けもの）でした。それに妹が二人、弟が一人おりましたろが、それに何年たったら看板屋の一人前になるかわからんし、そんまでは家に金が入れられん、ハイ。家のめんどうは見らんいかんし、それば見捨てて絵描きの稽古もできんでしょうが、ハイ。──（中略）──また坑夫にもどりました。仕方ないです、ハァイ。そぉれ、作兵衛はやっぱり坑夫にしかなりきらんじゃなかかっち、ずいぶん言われました、ハイ。残念でした、ハイ。」（『絵画の幻郷』菊畑茂久馬《もくま》／海鳥社／一九九四年より）

二十歳になると、工業都市として発展をしていた小倉や八幡の工場へ就職して鍛冶工の仕事をはじめた。その頃、家庭の事情で思うように学校へ行けなかったので、仕事から帰ると文字を覚えようと下宿から借りた漢和辞典を必死になってノートに写していたという。

その後、二十三歳で親元へ帰り、炭鉱での生活に戻る。そして、翌年、結婚。以後四十年の間、中小の炭坑会社を転々としながら働き続けることになる（このように渡り歩くことは坑夫にはよくあることだった）。

六十歳になったとき、夜勤の非番を利用して炭鉱での暮らしを振り返り、その記録を原稿用紙に文章で綴ったが、周囲から嘲笑を受け、大量に書いたその原稿をすべて焼き捨ててしまう。しかし、その後、どうしてもあきらめきれず、ふたたび大学ノートに記しはじめる。

六十三歳で働いていた炭鉱が閉山となり、ひとたび解雇されたが、そのまま置きざらしになっていた資材の警備員をするようになる。そして、二年後には、そこで宿直の警備員をするようになる。長い夜を宿直室ですごし、時間にゆとりが持てるようになったその頃、夜半に戦死した息子のことが想い出されて仕方がなくなったという。それで気をまぎらわすために、今度は、炭鉱での思い出を文章ではなく墨と筆を使って絵にして描きはじめ、そこに注釈のような文章を添えた。

「五十年、我が身を砕いた闇の中で、まったく絵筆どころではなかったが、私の右手はいつも空間に踊っていた。今、ヤマは消えゆく。筑豊五百二十四のボタ山は残る。やがて私も余白は少ない。

孫達にヤマの生活や人情をかき残しておこうと思いたった。たどたどしい記録というだけのもので、絵というほどのものではないかもしれない。—後略」

(『筑豊炭坑繪巻』葦書房／一九七三年より)

五十年以上もツルハシと金槌ばかり握ってきた手は、なかなか思うように動かなかったが、描きはじめると夢中になって夜がふけても筆が止まらなかったという。あまりに熱心に描いたので、あるとき片耳が聞こえなくなったという。

「昭和三十三年、六十六歳で生まれて初めて画用紙ば使いました、ハイ。それでわたくしは、一枚も描きそんじませんよ、ヘエ。悪かりゃ悪いなりに仕上げます。アッ！　これゃケチではないですよ。ヒエー、菊畑さん、酒が蒸発します、栓ばしときましょ、ハァイ」(『絵画の幻郷』より)

こうして描かれた絵は数百枚にのぼったが、これらの絵日記のような絵は、それまで坑内で働いた人間にしかわからない、まっ暗な地底の世界をはじめて坑夫自らの手によって陽の光のもとにさらけ出すものであった。

炭鉱記録画のはじまり

作兵衛は、こうして描いた絵を孫たちに渡すつもりでいた。ところが描きはじめて五年ほどたった頃、これらの絵は勤務先だった炭鉱の所長の目にとまることになり、一九六三年、作兵衛七十一歳のとき、筑豊の炭鉱関係者の手によって出版されることになる。前述したように、当時、筑豊は石油へのエネルギーの転換の影響をもろに受け、不景気のどん底にあった。

この作兵衛のはじめての画集である『明治大正炭坑絵巻』には、まるで昔の学校の卒業アルバムのような分厚い表紙があり、筆文字でタイトルが記されているのだが、そこに作者であるはずの作兵衛の名はない。奥付を見てみたが、そこにもない。巻頭にある編集者兼発行者である山田穣氏の「刊行のことば」

を読んではじめて、この画集の絵の作者が作兵衛であることがわかる。

刺青をした裸の男がツルハシで地底で穴を掘っていたり、馬が石炭を運んでいたり、狐が人の体から包帯をはぎ取っていたり、炭鉱での暮らしを描いた絵が次々と現れてくるのだが、作品についてのタイトルや制作年などのクレジットは一切記されていない。画集でありながら、作者である画家や作品についてい気づかいが感じられないことを僕は不思議だと思った。

一体、この画集は何の目的で作られたのだろう。

巻頭に、いくつかの炭鉱関係者から寄せられた文章があるので、読んでみると、そこには次々と炭鉱が閉山し、斜陽の感を深めていくなかで、この本こそが自分たちの仕事を語るものだという賛辞が続いているのである。また、石炭が多く求められ、景気がよかった時代の炭鉱についての述懐もあった。おそらく、これは一人の画家の仕事をまとめるためのものではなく、炭鉱で働き、生きたことに誇りを持つ人々が思い出を共有するためのアルバムのようなものとして発行したものだろう。

僕は労使の関係が対立することの多かった炭鉱で、炭坑経営者たちが、一坑夫が描いた絵に共感をもってこのような画集を刊行したことに胸を打たれた。同時に、作兵衛の絵がヤマの人たちにとっていかに大事な財産であるかということも知った。発行した中興鉱業株式会社の社長木曽重義氏は、次のように記している。

「炭礦《たんこう》に対して並々ならぬ愛着をもっている人でなければ能《よ》くやり通すことのできない仕事である。描かれた絵が炭坑に関する詳しい記録であると共に、炭礦人の哀歓と生活がにじみ出た〝歌〟となっているのも偶然ではない」(『明治大正炭坑絵巻』序文より)

この画集が刊行された翌年、作兵衛は七十二歳で会社を辞めることになるが、作品を通じて、のちに彼の絵のよき理解者となる田川市立図書館長の永末十四雄、作家の上野英信、画家の菊畑茂久馬らと会い、親交を深めていた。

当時、上野英信は筑豊の炭鉱住宅に移り住み、自宅を「筑豊文庫」という拠点にして、炭鉱の記録文学者としての活動をしていたが、作兵衛のことを記録者の師として尊敬し、その作品の素晴らしさを世に広めることに尽力するようになった。また、菊畑茂久馬は、炭鉱での労働を通じてしか描くことのできない貴重な絵画であると高く評価し、後に、画集の編纂にも関わるようになる。そしてこの最初の画集『明治大正炭坑絵巻』が出た後、田川市立図書館では作兵衛の作品の収蔵がはじめられた。作兵衛は図書館の求めに応じて水彩絵具を用いて、はじめに描いた墨の絵を資料的価値を高めるために絵の具で着彩して描き直している。初期の勢いのある筆使いの墨絵に比べると、水彩で着彩するようになってからの絵は画面の構成も再検討され、描線もおだやかに安定していて、作兵衛がじっくりと腰を据え、炭鉱の記録画という大仕事にとりかかった様子が伝わってくる。

やがて、これらの水彩画は、初期の墨絵とともに一九七三年に『筑豊炭坑繪巻』としてまとめられ、画集として刊行された。この画集の表紙には、はっきりと「山本作兵衛　画文」と作者である画家の名が記されている。

老坑夫はツルハシを完全に絵筆に持ちかえたらしく、年譜をみるとその頃、個展も開催され、新聞やテレビなどへの出演、表彰式への出席などで急に身辺があわただしくなっている。作兵衛は貴重な炭坑記録画を描く老画家として世に知られていったが、酒が好きなことでも有名で、一升瓶は開けたままにすると蒸発して水になると言って、急いで栓をしていた。酒に酔うと、もう炭鉱ではすっかり懐かしい歌になってしまった「ゴットン節」を口ずさみ、最晩年まで絵を描きつづけた。

作兵衛の絵をみて思うこと

山本作兵衛を知ったとき、一人の炭坑夫が石炭まみれの炭鉱で、豊かな遊び心を描きだしているということが、まず最初の驚きだった。作兵衛の絵には、何でもない日常を、噺家が話術でぱっと笑い話に変えてしまうのと同じような力がある。辛辣な労使関係も、恐ろしい暴力沙汰も、彼のなかでは絵の画題となった。いわゆる俗な世界を描いたものであるのに、彼の絵を見ていると、反対に一般的には、俗とは言わない、花や名山、美人などを描いた絵がなんとなく俗っぽく思えてくる。作兵衛の絵は、つまり、ブルースなのだ。モーツァルトが似合わない。

こういう絵を描くことができるのは、単に豊富な絵の知識や卓越した技術によるものではない。炭鉱の労働の現場で鍛えあげてきた人間性や、仲間たちと炭鉱で暮らした記憶の蓄積がなければ描けないものである。ただ熱心に美術大学で絵を学んだだけでは、決して描くことができない絵だ。

作兵衛は酒を飲むと炭坑の労働歌であった「ゴットン節」の「江戸の絵描きも、描きゃきらん……」という歌詞に自分の絵を重ねて歌ったが、僕は、こんなふうにはっきりした自分の絵のテーマに自信と誇りを持っていることをうらやましいと思った。

また、作兵衛の絵の中に昭和の高度成長期に生まれた自分がよく知らなかった、戦前の日本人に色濃く残っていた明治時代の骨太でたくましい精神が一貫して漂うことにも憧れるのである。電子機器もロボットもない、人馬の力が求められた時代、炭鉱ではツルハシで炭壁を掘り、竹籠につめて運び、炭車に載せて馬で引き上げていた。作兵衛の絵の主役は、どれも生身の人間である。また、描かれていないが、そこにはいつでも炭鉱で働く作兵衛自身もいるのである。実際に目で見た労働する人間の姿をわかりやすく描き、さらに自分自身の労働の実体験も加わっているから、絵がどれも生き生きとしている。

そして、わずかなメモと記憶だけをたよりに描かれたという、千点を超すこれらの記録画は、考証家の検証に耐え得るほど正確に事実を描きだしているのだが、少し頭を冷やして考えてみると、とても常人にできることではないと気づく。老坑夫は一体どのようにして描いたのだろうか。それがわからなかった。

僕は、作兵衛を追いかけているうちに、まめに書かれた日記があることを知った。没後、旧宅から六十冊以上の日記が発見されたことが新聞に報じられたという。この日記は一九一五年（大正四年）、彼が二十二歳の頃、鍛冶工として工場に就職し、漢和辞典を書き写しては文字を覚えていた時代からはじまっている。この時期から炭鉱の記録画を描くつもりであったかどうかはわからないが、この日記が記録画を描くはじまりであったのではないかと思う。日記には記録性があるだけではなく、文章にする過程で日々の暮らしを物語化していく力がある。前述した晩年の宿直の警備員だったときにこれらの日記を読み返し、孫たちに炭鉱のことを伝え残そうと一束の文章にまとめた。これは焼き捨てることになってしまったが、この大量の原稿を書いたことで、炭鉱での記憶は作兵衛の頭のなかで物語性を帯び、労働の体験と重なって記録画の画題を形づくっていったのではないだろうか。物語を絵にすることは、青年時代、当時流行の講談小説を読んでは「想念画」を描いたときから得意にしていた。絵筆で描きはじめる前に、すでに子供の頃から絵が好きだった作兵衛の頭のなかでは、炭鉱での生活が一連の絵物語になっていたのだと思う。作兵衛が記録画として描いた炭鉱は、そこにあった生々しい炭鉱の姿ではなく、作兵衛の心のなかにあった炭鉱なのだ。目で見ながらスケッチをして描くような写実表現にはないリアリティを感じるのは、不思議だが、絵と言うものの本質が人間の心に寄り添うものであるからだろうとあらためて思う。初期の墨絵では、人間の体に節句人形の頭をのせたような、不格好な坑夫の絵があるけれど、そんな巧拙はどうでもよく、画面全体に漂う作兵衛の物語ろうとする力が、絵巻物のような記録画の存在を決定的なものとしている。

それにしても、炭鉱で使われていた機械などの正確な描写は驚くべき記憶力によるもので実に見事であるというしかないだろう。そして、また、自らの生活の場を民話にして語るように描くなどという仕事は、よほど強い思いがなければできないことだと思う。

◎取材協力

上野朱　緒方恵美　田川市石炭資料館（現　田川市石炭・歴史博物館）

◎用語解説資料

『筑豊炭坑絵物語』

『筑豊炭坑繪巻』

『明治大正炭坑絵巻』

◎本文中に記載のない参考資料

『追われゆく坑夫たち』／上野英信著／岩波書店／1960年

「山本作兵衛展」カタログ／菊畑茂久馬監修　田川市美術館　工藤健志編集／田川市美術館／1996年

『上野英信の肖像』／岡友幸編集／海鳥社／1989年

「香春岳から見下ろせば―炭坑節の源流―（冊子）」／田川市石炭資料館

『炭鉱の文化』／佐々木哲哉　森本弘行編集／田川市石炭資料館／1998年

『炭坑の記録』／佐々木哲哉　森本弘行編集／田川市石炭資料館／1992年

「石炭の木（リーフレット）」／直方市石炭資料館

『田川市石炭資料館だより』／田川市石炭資料館／1992年

「運命的一九七〇年（菊畑茂久馬インタビュー記事）」／図書新聞／2003年

田川市石炭資料館館長　佐々木哲哉氏のお話

立花文穂の本

立花文穂（たちばなふみお）

アーティスト、グラフィックデザイナー。一九六八年、広島市生まれ。東京在住。武蔵野美術大学視覚伝達デザイン学科卒業後、東京藝術大学大学院美術研究科修了。現在、女子美術大学教授。主な個展に「MADE IN U.S.A.」（一九九五年／佐賀町エキジビットスペース、東京）、「木のなかに森がみえる」（二〇〇五年／SHISEIDO LA BEAUTE、パリ）、「デザイン　立花文穂」展（二〇一一年／ギンザ・グラフィック・ギャラリー）、「Plastic」（二〇一六年／The Mass、東京）など。グループ展に「MOTアニュアル2008F/解きほぐすとき」（二〇〇八年／東京都現代美術館）、「風穴—もうひとつのコンセプチュアリズム、アジアから」（二〇一一年／国立国際美術館）など。二〇〇七年より自ら責任編集とデザインを手がける不定期刊行物『球体』を始め、現在7号を準備中。作品集に『クララ洋裁研究所』、『風下』、『KATAKOTO』ほか。著書に『かたちのみかた』（二〇一三年／誠文堂新光社）、『立花文穂作品集　Leaves』（二〇一六年／誠文堂新光社）がある。

古書店やゴミ捨て場にある物が、立花さんの手にかかると若々しく現代的な作品にかわる。

彼はインスタレーション、本の装幀やタイポグラフィなど幅広い領域で仕事をする美術家である。週に一度、都内の美術大学で教鞭もとっている。

立花さんは、近所の喫茶店へよく行く。チャイを好んで飲んでいるのだが、喫茶店は彼にとって大切な仕事の場である。

喫茶店へは、家から分厚くて重い画集などの気に入った本を、わざわざ数冊かかえて行くこともある。そんなときは時間つぶしに文庫本を読むという趣きではなく、図書館の資料室に腰をすえた研究者のようにして、しっかり本と向き合って頁をめくっている。しかし、ただ持って行くだけで見ないこともある。

立花さんにとって、本とは一体いかなるものであるのか。

僕が彼の作品を知ったのは今から二年程前のことだった。アートディレクターの日高英輝さんの事務所で、立花さんが個展のために自宅の活版印刷機で自ら刷って本にした、限定二十三部のアーティストブックを見せられたときであった。

きたならしいボール紙に、数十枚の、やはり、きたならしい紙に黒いインキで抽象的な図形や記号、文字などが刷られたものがはさまっているだけだった。刷られた文字や図形は、よほど圧をかけて刷ったらしく、刷ったところの紙がへこんでインキが、ぶよぶよとにじんでいた。その印刷物にはまるで印刷工が休日に印刷機で遊んで刷ったような自由な雰囲気があった。それは印刷物というより、木版画やドライポイントといった版画作品のようだった。僕は、その印刷職人の技と版画の刷りが混ざりあったような世界に見入った。

きたならしいと書いたが、それは、単に汚れていて不潔だったりするのではなく、太陽の光を浴びて古び、時の経過を感じさせる、自然な美しさを含有したものであった。作者が意図的に作品をつくるためにこうした素材を選択した

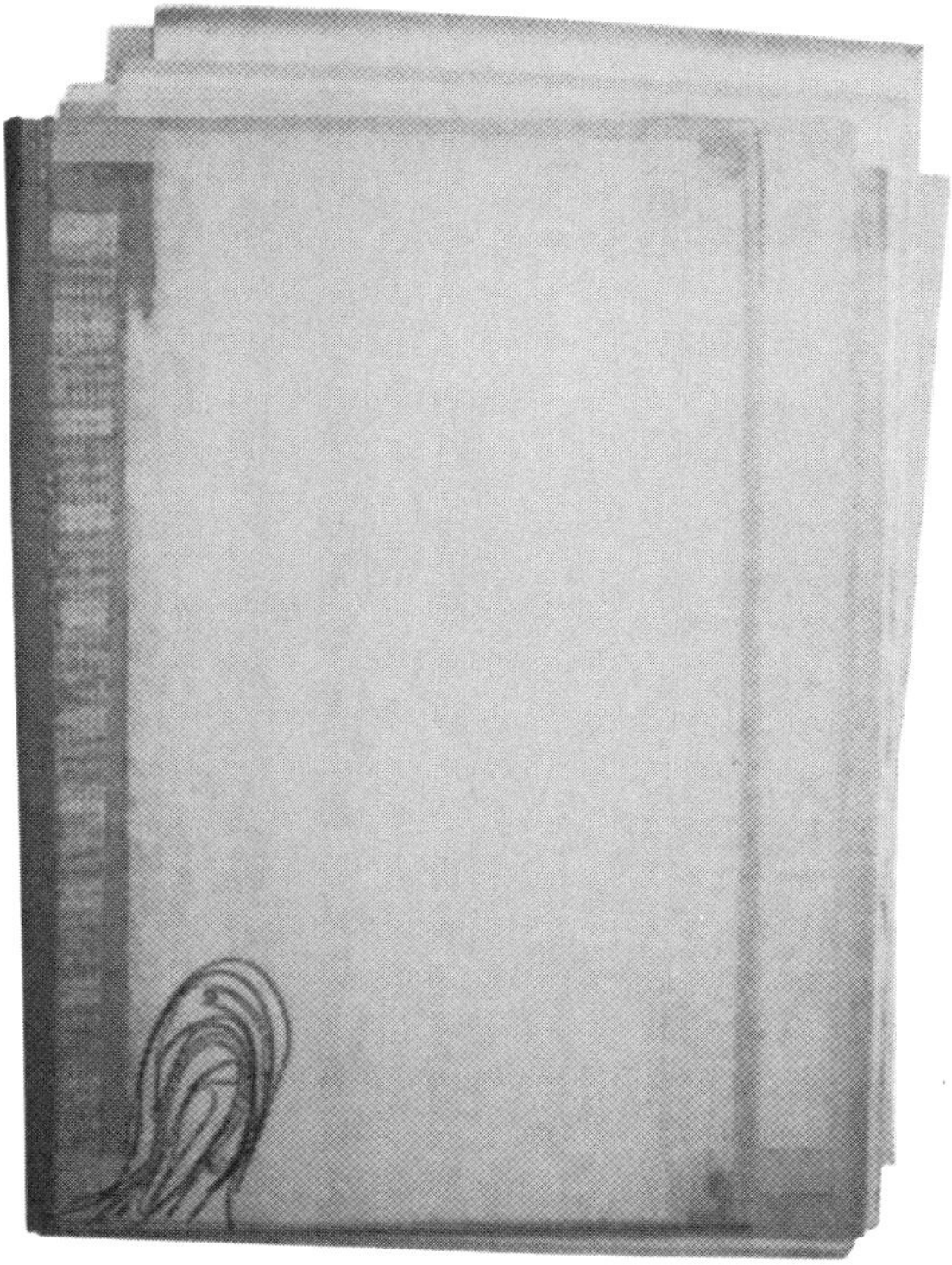

日高英輝さんの事務所でみたアーティストブック。個展「変体」（2001年／ギャラリー360°）での作品。活版印刷機はこのとき入手したという。

ことがわかる、表情豊かなものである。北欧の画家、ムンクは新しいキャンバスの素材感を深めるために、家の外へ出して雨ざらしにして古くなるのを待ってから描いたそうだが、僕は、彼の素材への向き合い方にそれと似たこだわりを感じていた。

その後も美術書専門店のナディッフや、友人のところで彼の作品を目にすることがあった。そのどれもに最初に見た本にあったような印象を一貫して感じていた。一見、粗野で無骨に見えるけれど、内実はその反対で、傷つきやすく繊細であるがゆえに、表現すること自体の軽薄さに素材を吟味して必死で抵抗している様子が伝わってくる。僕は、筆を使わずこれほどまでに身辺のものを介して自己の内面世界を芸術として表現できるものか、とうらやましく思っていた。

あるとき、仕事仲間が立花さんとある雑誌で対談をしたと言って、その雑誌を見せてくれたことがあった。そのとき僕は、はじめて立花さんの顔を見たのだが、その風貌も、どこか作品と一致しているように思えた。それからしばらくたったある冬の夜、吉祥寺のバーに『四月と十月』の同人の川原真由美さんが仕事仲間と連れだって現れ、そのなかに立花さんがいた。僕は思いがけず会えたことがうれしくて、混ざって一緒に酒を飲んだ。何の話をしていただろう、ずいぶん酔ってしまい、何軒かはしごをして、朝方、カラオケ屋で立花さんが踊りながら『サントワマミー』を熱唱し、僕と川原さんが隣でマラカスを振ったり、タンバリンをたたいたりしていた。

今年（二〇〇四年）四月二十七日に、本人はいやがっていたが、仕事場へ押しかけていった。春だというのに梅雨時のような蒸し暑さで、風も強く駅前の店の看板やら自転車が倒れていた。

仕事場は、JR中央線のある駅から住宅街をすこし歩いたところのアパートの一室にあった。案内されて入口の扉を開けると、玄関を入ったところから部屋の奥まで、郵便物・雑誌・新聞紙・本といった様々な紙が天井まで積み上げられていた。まるで古紙回収業者の倉庫のようであったが、よく見ると、ひとつひとつの印刷物は、古書店に並ぶ本のように長い時間をかけて集められ、丁寧に積み上げられてある。

その一角に印刷業者からゆずり受けたという小さな活版印刷機がある。傍らにいろいろな資料にうずもれて、インキで汚れた作業台もある。壁には不思議な図形の描かれたポスターや絵が貼られていて、しばらくこの場にいると、ここが芸術家の仕事場であることがわかる。

立花さんは、ここに積み上げられた膨大な印刷物を切ったり貼ったり、またあるときは、小さな活版印刷機を使ったりして作品づくりを行っていた。

外から持ち帰る印刷物は増えつづけ、先日、古い椅子を入手したが、ついに部屋の中には置く場所がなくなってしまい、玄関に置いたらしい。ところが、その上にも紙の山ができて、とうとう家に入れなくなってしまったという。机がわりに置いてある、ポジフィルムの画像を見るための大きなライトテーブルの上にも紙の山ができたが、そのまま紙の山の隙間から漏れる光をたよりに使っているらしい。しかもガラスの板面は、その上でカッターを使ったりするものだからキズだらけになっていて、ポジフィルムにキズがついているように見えるらしい。僕には、このアパートの部屋の空間全体が、彼の作品であるかのように思えた。

そのあと、学生時代から最近のものまで、いくつか作品を見せてもらい、次は『四月と十月』の仲間たちもさそって、取材をさせてもらう約束をして別れた。アパートの仕事場では、写真を撮ったりなどの取材をしてほしくないとのことだったので近所のカフェに、いくつかの作品を持ってきてもらい、これまでの活動についての話を聞くことになった。

立花さんの話　書のこと

——立花さんの作品には、何かしっかりとした骨格というか、たしかに紙を用いて表現しているけれど、単なる紙に非ず、だとか、文字を用いて表現をしているけれども、ただ単に文字を読ませたいわけではない、といったような、事物の存在そのものを問うような哲学的な雰囲気を感じるのですが、そういったことに目を向ける意識が、いつ頃どんなふうにしてできたのか興味があります。

「美術大学に入学する前、高校時代まで、『書』をやっていました。幼稚園のときは、自分の手より大きな太い筆で『うし』とか『とら』とか書いていました。園長先生が、紙からはみだしてもいいから元気よく、大きく書きなさいというので、その通りに書いていたら、紙が真っ黒になった。白く残ったところが字なのか、墨のところが字なのか、もうわからなくなるほど。面白かった。平面のなかに墨を入れることで白ができ上がるということですね。高校時代は広島の広島城北高校という学校に通っていたのですが、ここの書道の先生に、その頃、目を開かれるような強い影響を受けました」

――どのような?

「それまでお習字を習っていた先生からは、楷書のお手本を見て書いて、朱墨で、はらいや止めについて添削を受けていました。ところが高校の書道では、臨書といって、金文などの昔の中国の石碑を紙に写し取ったもの（拓本）を見て書きました。硬い石に刻まれた文字をやわらかい筆で書くわけですから、当然同じ形になりません。

僕は、はじめなんとか似せて書こうとして筆を動かしていたんですが、あるとき先生から、『真似するだけではなく、文字の書き手の気持ちを感じて書

自作の「太陽」のTシャツを着た立花文穂氏

け』と言われたんです。意味がよく理解できませんでした。わからず悩んで書いているうち、これは表面的な形を追うのではなく、線の質を表現しなさい、ということなのだということがわかってきました。『一本の線を引く。この線は筆をあげた後も、ずっと続いていく。そういう意識をもって書きなさい』と先生から言われましたが、それは表面で物を見るな、精神的なものを感じ取れ、ということ。線そのものが面白いと思えるようになってきて、それまで椅子に座って机の上で書いていたのですが、紙を床に置いて体全体を使って書くようになりました。

そんな意識をもったまま、このあと二浪して美術学校へ入学した後も、『書』と『美術』とに共通するものがないかと、ずっと考えてました。タイポグラフィという言葉を知ったのもこの頃です」

――美術学校の授業はどうでしたか。

「一年生のときに、『線』について考える授業があったんです。線を視覚的にとらえるだけではなく、触覚的にとらえよう、というもの。たとえば、対象を手元を見ずに描く、手元を見て描く、ふたたび手元を見ずに描く。そういう実験をして、見る行為と描く行為の本質について考えてみる。描くうえで見ることが何処にあるのか、ということを探る授業でした。これは、書道の先生の教えと通じると思いました。そして、書の問題と美術の問題が一致するかもしれないと。その後も、このことについて模索は続きました」

立花製本

立花さんは、五歳年上のお兄さんと、バーナーブロスというブックレーベルをつくって何冊か本を出している。その本は広島の実家で、今も製本業を営むお父様が製本をされている。

――ご実家の製本業を手伝ったりしていたのですか。

「おばあちゃんの家の下に工場があって、そこで父が一人で製本の仕事をやっていました。背丈より高く、所狭しと紙が積んでありました。足ぶみの糸かがりの機械や、針金で紙を綴じる機械などが置いてありました。布にボール紙を貼って表紙を作ったり、見返しにのりづけしたりはすべて手作業という小さな工場でしたが、僕はそこで、小学校の低学年の頃から、紙を数えたり、そろえたり、丁合をとったりする作業を手伝わされました。高校生くらいになると、大きな裁断機まで使えるようになりました。ばらついた紙の束のはじとはじを両手で持って、きゅっとひねると紙の間に空気が入ってそろえやすくなるとか、そんなことを父から教わりました」

立花さんの作品が、紙や文字から、それ自体の魂を引き出すような不思議な力をもっているのは、こんな幼いときから、紙とふれ合っていた体験とも関係しているのだろう。

――今後はどんなことを考えてますか。

「本は作っていたいですね。展覧会をすることと、本を作ることは同じだと思っています。展覧会場の作品からうけるリアリティを、本のなかにも感じることができる。

以前は空間にモノを作って立ちあげることが自分にとっての制作だったけれど、今は作るという行為を極力避けて、日々発見した事をそのまま記録するようなことが制作につながっていくといいかなあ。そうするために、いつも自分をあらゆる物事から解放して自然な状態にしておきたい。だから一人で喫茶店へ行く時間がますます重要なんです。僕の場合、家の仕事場では手を動かすことには集中できても、頭をはたらかせることには、なかなか集中できないんです」

——ギャラリーとの契約は考えていますか。

「まだ考えてませんね。自分とちゃんと向き合ってくれる人が出現したら、そのとき考えます。美術界で売れることを望まないわけではないですが、売れてお金が入ってくると自分がダメになってしまうかもしれない。そうならないために、こっそりやっていたいですね。見つけられないようにやりたい。だけど、無視されるのはいやだ。見つけてほしいんです。そのへんが微妙なところなんですけど」

こんな話をうかがいながら、本の形をした作品をひとつひとつ見せていただく。どの本に使われている紙にも、「あ、これいいな」と言いたくなるような人なつこい表情があって、本でありながら、同時に何か言葉を語っているような存在感がある。

僕は、昔、香港の文具店で気に入って買ったざらざらの紙をいつか絵を描くのに使おうとアトリエの片隅に置いていたのだが、いつの間にか日に焼けて黄ばんでしまった。この紙は、僕のアトリエの片隅で、知らず熟成して「立花文穂」にふさわしい紙になっているように思えた。この日、ひょっとしたら、立花さんがこの紙を生かして何か作ってくれるかもしれないと、土産に持っていって手渡した。

月光荘画材店のおじさん

橋本兵蔵（はしもとひょうぞう）

一八九四年富山県生まれ。上京後、郵便配達夫などの仕事を転々とした後、与謝野鉄幹・晶子夫妻と出会い、一九一七年、「月光荘画材店」を創業。自ら「月光荘おじさん」と名乗った。一九九〇年六月二十三日死去。享年九十六。

月光荘画材店との出会い

いまから八年ほど前（一九九七年）に、僕は月光荘画材店を知った。銀座の通りをいっしょに歩いていた友人が、「あ、月光荘だ」と古いビルの下を指さすので、よく知られた画材店なのかと興味をもって立ち寄ったのである。

店に入ると帳場で木綿の可愛らしいワンピースにエプロン姿の女性の店員が、金槌でトントンと何かをたたいていたので、何かの修理でもしているのかと思ってそばへ行ってみると、革を型抜きして店で売る画材に貼るホルンのマークをつくっていた。店での接客の合間にも、こうやって手を休めずせっせと画材を作っているらしい。レジ横の机のある一角は小さな画材工場のようだった。棚に並んだ絵の具の一本一本には、店の入り口の看板と同じホルンのマークがついていて、売られている絵の具はすべてこの画材店のオリジナルなのだった。

水彩も油彩もあるんだなと眺めていると、紺色の柄の可愛らしいワンピース姿の女性の店員がやってきて、その棚の手前に置かれていた絵具箱を持ち上げ、にゅうっと三本の足をのばしてみせた。「アルミ製なので、野外に持っていくとき、軽くていいんですよ」と言う。このイーゼル付きの絵具箱もオリジナルらしい。その他にも、布製のカバンや、紙の厚さを違えたスケッチブック、他の画材店では見かけない太い8Bの画用鉛筆、白木の軸の筆、木炭など、これらはすべて自社製であった。

こんな画材店ははじめてだと思いながら店のなかを見渡して、壁に、開館したばかりの猪熊弦一郎現代美術館のカレンダーがあるのを見つけた。僕は、ちょうどその頃行ってみたいと思っていたので、見ていると店の人がお盆にお茶をのせて、ゆっくりしていってくださいと小さな椅子を出してくれた。それで遠慮なく一服していくことにしたのだが、僕は画材店でお茶を出されたのははじめての経験で、すっかりくつろいだ気分になった。

画材売場の奥には四畳半ほどの小部屋があり、物置になっていたのだが、もうすぐここを片付けて画廊として貸し出すという。借り賃は一週間で五万円とのことで、狭いけれども銀座の画廊としては破格の安さである。その頃、僕は高い画廊の使用料を払って銀座で個展を行うなど、自分の経済状況を考えて現実的でないと思っていたのだが、この料金なら、たとえ作品が一枚も売れなくてもなんとかなるだろうと、さっそく予約をすることにした。おかげであこがれの銀座での個展をはじめて行うことができ、その後も何度かここでの個展を行った。

個展のたびに、僕はこの個性的な画材店の歴史に興味をもち、断片的に話を聞いたりしていたのだが、このたび、ひとつのまとめたものにしておきたいと思い立ち、社長の日比なせさんに、あらためて話をうかがうことにした。歴史は古く、もうすぐ創業九十年になるという。

創業者、橋本兵蔵

月光荘画材店の創業者である橋本兵蔵は日比さんのお父様である。すでに九十六歳で一九九〇年（平成二）に他界されているが、店に出ている頃は画材店へ来るお客さんから「月光荘おじさん」と呼ばれて親しまれていたという。大変な頑固者であったらしく、おせじのひとつも言わないことで有名であった。店に置いてある画材を使ってもみないうちから批判する客を、「もう来んでいい！　帰れ！」と追い出したこともあるという。

当時の店には、レジのかわりに天井から釣り銭の入った籠がぶら下がっていた。お客は自分でそこに代金を入れ、釣り銭をとって勘定していたが、まだ若く貧しい画家が、多く釣り銭を持ち帰ることもあった。しかし、月光荘おじさんは、そういったことには目をつむった。ひそかに絵描きたちを支援する気持ちがあったからである。その頃のお客が年をとり、最近になって店を訪れて、「もう時効だから白状するけれど……」とその頃のことを語ることがよくある。

橋本兵蔵は一八九四年（明治二十七）、富山に生まれた。北アルプスの雪どけ水が日本海にそそぐ自然の豊かな街である。

父親は、家の柿の木の手の届くところの実はお遍路さんに、てっぺんの実は鳥たちに、と子供たちに諭すような人柄だった。兵蔵は父親から自然のふとこ

銀座の泰明小学校前に店があった頃の月光荘おじさん

ろで人や動物が助け合って生きているということを教わったとよく語っていた。

また、父親は学校を出ていなかったけれど、子供たちには学ぶ環境をこしらえてやることが大切なのだと、本をたくさん買って蔵のなかに置いてくれていた。おかげで兵蔵はよく本を読んでいた。この父親が、兵蔵に物心つくころから耳にタコができるほど繰り返し語っていたことがある。

「一、人のものをとるな。二、人に迷惑をかけるな。三、一生懸命に働け。これができて半人前。で、そのうえに人に恩を返すことができて一人前」

そして母親もまた、我が家の貧しさもかえりみず、近所の貧しい家に自分のところの餅を持って行くような慈悲深い人間だったという。

こうした両親に育てられた兵蔵は、娘である日比さんに、幼い頃自分をとりまいていた自然の話をよく語って聞かせていたが、とりわけ兵蔵は空にかかる虹を見ることが好きだったらしい。小学校三年生の頃、先生に、

「俺、あの虹の橋を渡ってみたいんだ」

と語るほど、その不思議な自然現象にひきつけられていた。そしてまた、山野をかけめぐっては、草花の美しさに心ときめかせていた。この頃抱いていた

感情は、いつしか色に対する憧れとなって兵蔵の心の奥にくすぶりつづけ、後年、絵の具づくりをするときに礎となっていった。

虹から生まれた画材店

教育熱心な両親に恵まれ、豊かな自然のなかで多感な少年時代をすごした兵蔵は、明治時代の終わり頃、十八歳の時に東京の街に憧れをいだいて上京することになる。

上京後は、郵便配達夫などのさまざまな仕事を転々としていたが、あるときYMCAの主事だったフィッシャー氏の九段の家に書生として住み込むことになった。そして、そのちょうど向かいに与謝野鉄幹、晶子夫妻の家があった。

かねてより与謝野夫妻の歌集を愛読していた兵蔵は、一度でいいから会いたいと日々心をときめかせ、ある日とうとう我慢しきれなくなって一人で訪ねていく決心をする。それはきっと兵蔵にとって、幼き頃に富山の空にかかった虹の橋を渡るような気持ちであったかもしれない。

突然訪ねてきた田舎者丸出しの青年を、夫妻は嫌な顔ひとつせずに招き入れてくれた。それどころか兵蔵は気に入られ、いつでも来なさい迎えられて、その後は与謝野家に集うお客たちに紹介されるようになった。当時夫妻は、雑誌『明星』を主宰していて、家には北原白秋、石川啄木、高村光太郎などの詩人や、藤島武二、梅原龍三郎、有島生馬、岡田三郎助などの画家たちが集まってきていた。しかし、そうした著名な芸術家たちが集う場で、兵蔵は気の利いた話などできるわけもなかった。ただ皆が話すのを聞いているばかりであったのだが、やがてだんだんと集まった人たちからも可愛がられるようになっていった。

そのうちに兵蔵の心のなかに、それまでまったく知らなかった芸術の世界がひろがっていく。兵蔵は、次第に画家たちが語る絵の世界の「ものを見る目」「絵を描く心」といったものに関心をよせていくようになり、いつもひかえめに話を聞くばかりであったが、思い切って画家の先生たちをまえに、幼き頃生まれ育った街で見た虹に、どんなふうに憧れをもったか語ったりもするようになった。

こうした日々を過ごすうち、いつしか、なんとかこの魅力的な芸術家たちの

仲間に加り、何か自分にできることはないかと考えるようになっていたのだった。そんな思いを察してか、あるとき、皆から、

「君には、色に対して憧れがあるし、いい感覚もあるようだから、ひとつ色彩に関係する仕事をしてみてはどうだろう」

と助言されたことがあった。兵蔵は、かねてから、画家たちが国内で売られている絵の具や画材に不満をもらしているのを聞いていた。この助言がきっかけとなり、画材商になる決意をかためていくことになる。

「私の一生をかけて、芸術というこの大きなものに心血を注いでいる先生方のお役に立つようになろうとかたい決心をした」

兵蔵は、自分のなすべき仕事を見つけ、画材商をはじめる準備にとりかかった。

創業の頃

画材商をはじめるにあたって、兵蔵はまず外国から絵の具の輸入をはじめた。

そして、画材の注文があると、雨風のひどい日でも郵便配達夫時代のように届けてまわることを続けるうち、やがて資金が貯まり、ついに一九一七年（大正六）、東京新宿の角筈に画材店を出すことになった。

このとき、与謝野晶子は彼のために歌を一首詠んでささげた。

「大空の月の中より君来しや　ひるも光りぬ夜も光りぬ」

そして、晶子の夫の鉄幹が、ヴェルレーヌの詩から引用して、「月光荘」という屋号をつけてくれたのであった。兵蔵はどれほど感激しただろうか。トレードマークには、音で奏でて多くの人に集まってもらいたいという願いをこめて、ホルンの絵を用いることに決めた。

店の建築設計には藤田嗣治の助言を受け、パリの街角をそのまま移したような、当時としては斬新なつくりの店ができ上がった。さらに店員にはフランス人の女性を採用することにした。人目をひいたこの店は、映画の撮影にも使われたこともあったという。

その後、金銭面を心配した与謝野晶子は「私の友人」と書き記したものを兵蔵に持たせて新宿中村屋の主人である相馬愛蔵、兵蔵と同じく富山出身で富士

開店した頃の月光荘画材店。店員にフランス人女性を雇った

銀行創始者であった安田善次郎、生活協同組合創始者の賀川豊彦らに引き合わせた。

「人が喜ぶものを売ったらよい」

「自分で売るものは自分でつくって、自信のあるものを売りなさい、そして、売りたいからといって値下げしてはいけない。そんな絵の具にとびつく画家は、きっと大成しないのだから。どんなときでも、お金の奴隷になってはいけないよ」

そういう大先輩方の店の経営への助言をかたく守って、「月光荘」の船出をした兵蔵は、ついに幼い頃見た虹の橋を渡りきったと思ったのであろうか、このときから自らを「月光荘おじさん」と名乗るようになった。

画材研究の傍らで

開店当初は、まだ自社製の絵の具は完成しておらず、国内で唯一取扱ったフランス製のL.C.H.（エルセイアッシュ）PARISのほか、フロレンスの油絵の具を取り扱っていた。店には若き中川一政、小磯良平、猪熊弦一郎、中西利雄らも通ってきていた。兵蔵は店を持ちながらも画材配達をつづけ、画材をアトリエへ届けると、画家が実際にどのように画材を使っているのかを見せてもらい、画材の改良を加えていった。たとえば、画面に色を置こうと筆を持っていったとき、筆に塗られたニスの色や金文字が目にちらちらして視覚が惑わされるという画家の話を聞いて、ニスも塗らず金文字も入れない素朴な白木の筆軸をつくった。前述の画箱付イーゼルも、野外での写生時に強風で倒れたり、絵の具をかがんで取り上げるのに腰が疲れたりして困るという画家たちの声を聞き、従来のイーゼルに安定性と利便性をもたせたものだった。

画材を売りながら、当時まだ珍しかったカラー写真を表紙にあしらった雑誌『月光荘便り』を刊行して、画家たちの交流を深めるという仕事もするようになった。煙草も吸わず、晩酌はお銚子一本と自らを戒めて暮らしていた「月光荘おじさん」にとって、雑誌づくりはかけがえのない楽しみとなっていった。

昭和になってからは、好きだった「西洋映画」と「西洋画」の両方をかけあわせた雑誌『洋画新報』、その次には、雑誌『近代風景』を創刊することになる。戦後には画材店で用いる包装紙に「読む包装紙」と名づけて商品やニュースなどを印刷して載せるようになった。

また昭和十六年頃には、新進作家のための発表の場となるギャラリーを設け、岡田三郎助を審査員に「新人コンクールフローレンス賞」などを行うようにもなった。

純国産絵の具第一号

戦前の国産絵の具は、ヨーロッパから染粉を輸入して、それを練っただけのものであったという。こうした絵の具を用いた画家たちの多くは、国産のものは不純物がまじって使い物いならないと輸入品に頼っていた。とはいえ、外国産の絵の具は当時は船便で送られてきたので、注文してから届くまでに半年もかかった。それどころか、第二次世界大戦の戦時色が強まると、市場から絵の具は消えていってしまった。そんな時代、兵蔵は画家たちの不満の声に応えて全国純国産の絵の具の開発に挑むようになる。顔料を探し求めて必死になって全国を走りまわり、まったく手さぐりの絵の具づくりをはじめた。

戦時中、とくに不足していたのがコバルトブルーだった。原料のコバルトは軍事面でも重要視されており、入手も困難であったばかりか、政府の命令によって大学の研究室で開発が試みられているような代物であった。兵蔵は義弟の米村吉雄とともに、あらゆる化学の専門書を読み、化学方程式などを学んでみたが、実際にどのようにして原料の鉱物からあの青いコバルトの顔料をとり出してよいのかわからなかった。毎日毎日、原石を砕いて水に入れ、沈殿したものを焼いてみたりと試行錯誤を繰り返したが、失敗の連続であった。途中何度も投げ出しそうになりながら、疎開中もあきらめず、研究を続けていた。そのような絶望的な日々のなかで、兵蔵は子供の頃から言われていた親の言葉を思い出した。

「自然から、いろいろ勉強できるものだ」

ある日、山の中で間歇泉が吹き上げる様子を見ていて、ふと、色をとり出す方法を思いつく。やがて、そのとき得た着想をもとに独自の方法でとうとうコバルトブルーの抽出に成功したのだった。そして一九四〇年（昭和十五）の秋、ついに純国産油絵の具第一号が誕生した。これは「月光荘」オリジナル絵の具第一号でもあった。店の常連であった猪熊弦一郎は驚き、大喜びして新聞各社に知らせてまわったという。ところが、莫大な研究費をかけて大学の研究室でもできなかったものが、ちっぽけな町工場でできるわけがないと信じてもらえず、戦争前に輸入していたものを小出しにしているに違いないなどと中傷を受けてしまった。それほど当時、このコバルトブルーの抽出は困難なことであった。

本物の絵の具

油絵の具は原料の鉱物を高温で焼いて溶かし、取り出された色でできている。兵蔵は、鉱物を焼く温度をさまざまに変えて、「世界の標準色」全十八種類の純国産絵の具を作りだした。

そうしたなか、軍部が、もしコバルトがあるのならよこせと言ってきたことがあったが、兵蔵の頭のなかにはいつでも画家たちの姿しかなかった。たとえば川端画塾へ通っていた頃の若き宮本三郎は、いつも裸足で店へやって来た。

「何故靴をはかないのか」

とたずねると、

「靴を一足買うお金があるくらいなら、絵の具を一本買いたいんだ」

と答えた。そんな必死な画家たちの姿を知っていたから、軍の申し入れを拒んだ。当時の軍国主義の日本で、それは簡単なことではなかったが、兵蔵は、画家たちのために絵の具をつくりたかった。そして戦地へ赴く従軍画家たちのためにも絵の具をつくりつづけていた。だから、戦争画の多くは、月光荘の絵の具で描かれることになったという。

戦時下では、文部省から絵の具の代用品をつくれと言われたこともあった。が、兵蔵は決してつくろうとはしなかった。彼らは美術教育の場に、ニセ物の絵の具を平気で持ち込み、淡いピンク色のそれに平気で「肌色」などという名前をつけるようなことをしていた。彼にはそういったことが信じられなかった。

「肌色。なんとバカバカしい名まえだ。人間はみんな違う色の肌をしているじゃないか」

また、子供に使わせるので安い絵の具はありませんか、と店にやって来る客には、

「子供だからこそ、本物の良い絵の具を使わせなきゃいけない。子供の頃にしっかりと色感を養っておかないと一生とり返しがつかなくなるよ。うちの店にはニセモノの安い絵の具は置いちゃいないよ」

ときびしく言うこともあった。そうやって、画家たちが納得して使うことのできる品質の絵の具だけしか店にならべなかった。兵蔵は創業時、与謝野晶子に紹介された先輩たちから助言されたことを、かたくなに守りつづけていたのであった。

戦後も研究を重ね、やがて一九七一年（昭和四十六）には「月光荘ピンク」と呼ばれるコバルト・バイオレット・ピンクを発明し、世界絵の具コンクールで一位を受賞することになる。この絵の具は、当時のル・モンド紙に「フランス以外の国で生まれた奇跡」とまで絶賛された。

また、「チタニウムホワイト（ホワイトNo.1）」は、猪熊弦一郎の注文で誕生したものである。猪熊は銀座で映画を観たあと、「おやじいるかあ」と夫婦で

よく立ち寄り、「悲しかったよ」とそのストーリーを話しながら、また泣いたりしていたという。そんな親しい間柄だった彼が、現在も上野駅の天井に残るあの大壁画を描くときに、画肌が盛り上がってほこりがたまらないような絵の具が欲しい、と頼んだのがきっかけでつくったものだという。最近、この壁画の修復があり、現場で作業にあたった人から、ペンキの部分は劣化していたけれど油絵の具の部分はしっかりしていたという話を聞いて、日比さんはとても喜んだ。

こうした兵蔵の絵の具づくりにかける情熱はたいへんなものであったが、工場で働く職人たちもきつかった。日比さんのお母様は、職人たちを励ましつづけ、毎年、盆と正月には彼らを家に招いてねぎらうことも欠かさなかった。

月光荘おじさんが残したもの

日比ななせさんの「ななせ」という名は、与謝野晶子がつけたものだ。最初に新宿で開店した月光荘画材店は、戦後になってから銀座に移転し、その後、何度か銀座のなかで引越しを重ねた。兵蔵は高齢になった頃から、娘の日比さんと二人三脚で店を切り回すようになり、一九九二年（平成四）に、現在の銀座七丁目の場所にやってきた。その後、兵蔵が亡くなってからは、日比さんが後を継ぐことになった。まさか自分が店を引き継ぐようになるとは思わなかったという。日比さんはお父様の兵蔵を亡くしたその数年後、お母様も亡くされた。そしていま、数名の若い従業員の方たちと月光荘の看板を守っている。昔からのお客には、

「あの当時の空気が流れていてうれしい。棚のかげからおやじさんが出てきて、よう来たな、と肩を抱いてくれるような気がするよ」

などと言われることがある。日比さんは、そんな言葉を聞くとほっとするのだという。

「月光荘おじさん」が残したものは何であろうか。

彼は昔、画家たちがスケッチブックに描いた絵を渡そうとしても受けとろうとしなかったという。絵描きたちの暮らしは決して裕福ではないはずで、そん

な彼らの魂をもらうわけにはいかない、と考えていたからだという。そういった画家たちを思う心が、今もこの店には漂っている。画家だけではない。銀座で就職の面接に行き、うまくいかなかった学生が落ち込んで、ふらりとこの店に立ち寄ることもあるという。

晩年、兵蔵は、できるかぎり若い人たちの面倒をみて育てていこうとしていた。それは自分が若い頃に与謝野晶子、鉄幹をはじめ先生方から授かったものへの、ささやかな恩返しなんだと語っていた。日比さんは、その思いを引き継いで画材店の奥の部屋を安く借りられる画廊として解放し、その後も銀座の他のビルに同じような貸画廊を少しずつ増やしていき、現在は全部で四つに増やした。

「作品は人の目にふれてこそ、力をつけていくのだから、たくさん展示をしてほしい。いやな批評もうれしい批評もすべて作品の栄養」と語る。

九十歳をすぎているのに四年先まで予約している人、家族三代で展覧会をする人たち、美術学校の同窓会で展示をする人たち。会場では、「月光荘は私の青春ですよ」と語ってくれる人もいる。また、二代目の日比さんには、こうして絵を描く人たちの裾野を拡げるという活動の一方で、絵の具工場の職人の二代目に技術を伝授して育てなければならない、という仕事もある。

　そんな日比さんの姿を見て、僕は、詩人や画家たちとともに、兵蔵がかたくなになって作りあげた月光荘画材店の歴史を、これからもずっと継承していただきたいと願うのである。画材は画家の体の一部であると思うからだ。兵蔵の世代から数えると、僕は孫にあたる世代。今や戦後という言葉もだんだん遠のいていくけれど、この国で絵の具が自由に手に入るようになってから、そんなに時は経過していない。月光荘の歴史を知り、アトリエに絵の具がそろっていることは、なんと贅沢なことかとあらためて思うのだった。「月光荘おじさん」がこしらえたこの画材店に漂う昔の画家たちの美術への憧れの空気をかいで育つ画家はこれからもいるはずだと思う。僕も、そのうちの一人でありたい。

＊現在（二〇一七年）、月光荘画材店は銀座七丁目から八丁目に移転して営業しています。
◎取材協力：月光荘画材店、日比ななせ

鈴木安一郎と富士山

鈴木安一郎（すずきやすいちろう）

一九六三年静岡県生まれ。東京藝術大学美術学部デザイン科卒業。平面作品を中心に造形活動を展開する。日本グラフィック展、日本ビジュアル・アート展他受賞多数。主なデザインワークに、東京ドーム壁画、伊勢丹デパートのディスプレイデザイン、東京国立博物館ポスターなどがある。写真集「きのこのほん」（パイインターナショナル）、しめ飾りプロジェクト「ことほき」。現在、女子美術大学、横浜美術大学、文教大学の非常勤講師をつとめる。二〇〇〇年四月の第二号より『四月と十月』同人。

富士山スケッチ会

ことし（二〇〇六年）の夏に友人二人をさそって、久しぶりに御殿場の安一郎君のアトリエを訪ねる。東海道線の国府津駅で御殿場線に乗り換え、山あいを列車にゆられていくと、小山のむこうに富士の峰がうかんでいた。安一郎君は、昨年お母様とお父様を亡くしてしまったばかりであった。

彼は、アトリエ兼住居のここから都内近郊の三つの美術大学へ通い、そこで講師をしている。都内までは高速バスで二時間。奥様の志麻さんと猫六匹と一緒に暮らしている。

足柄駅は無人駅で、駅前広場には熊にまたがった金太郎の像が立っている。

その像を見て、僕はなんとなく、安一郎君の野性的で朗らかな性格と重ね合わせてみるのだった。彼には、そのうちにきっと何か面白いことをしでかすであろうと周囲に期待させる雰囲気がある。

安一郎君の実家は、アトリエから少し離れた足柄山のふもとの小山という町にある。足柄山には、昔から「金太郎伝説」があるのだが、この山が神奈川県と静岡県の県境に位置しているため、双方の県で観光名物にしようと金太郎を奪い合っているらしい。安一郎君のお父様は静岡県側の旗ふり役で、生前、お会いしたときに渡された名刺には、「小山町金太郎保存会会長」と肩書きが記されていた。町内にある神社に、金太郎が入ったとされる産湯の桶を新しく作って整備したばかりだとお話しされていた。お母様の葬儀の日に、僕ははじめてお父様とお会いした。そのとき、お父様は安一郎君が東京藝術大学に入学を果たしたときは、いまにきっと立派な富士山の絵を描いてくれるのだ、と自慢げに親類やご近所に語っていたという話を懐かしそうにされていた。そして、その年の秋、今度はお父様がお亡くなりになった。

この日、僕らは、お墓をおまいりして、安一郎君のお父様の追悼スケッチに富士山へ出かけることになっていた。

　御殿場から見る富士は、後から夏の日ざしを受けて大きな青黒い影のようになってそびえていた。安一郎君が言うには、富士山の写真を見てそれがどこから撮られたものであるかわかるようになると、富士山を語る者として一人前なのだそうだ。彼は、生まれ育った御殿場から見る富士が、一番好きだと言う。

　山頂への登山口は四つあり、安一郎君のおすすめは須走口だというので、そこへ向かって車を走らせた。車で行くことができるのは五合目までで、ここから上へは徒歩で登らなければならなかった。五合目には広い駐車場があって売店や食堂が軒を連ねているが、ここはもう雲を見下ろす高さである。僕らは車を降りて、とぎれとぎれに浮かぶ雲と、その下に見える御殿場の街や山中湖をしばらく眺めていた。丹沢の山々の連なりのむこうには相模湾が広がり、三浦半島まで見える。視線を移して山頂のほうを見上げると、山肌のところどころから白煙がたちのぼっていた。

「あれは『砂走り』というんだけど、下山道のあそこのところは砂利道になっていて、そこを人がすべり降りるから砂煙がたつんだ」

と安一郎君が教えてくれる。

「富士山は、昔から、二度登る馬鹿、一度も登らぬ馬鹿と言われてんだ」

頂上から眺める雲海に落ちた富士の影は素晴らしいのだという。安一郎君はこれまで、四度ほど山頂を目指したらしいが、そのうちの一回は悪天候で引き返さなければならなかったらしい。駿河湾の方から次々と雲が流れてきては山肌をなぜるように横切り、晴れたり、曇ったりたえまなく天候が変化していく。

僕らは、五合目のすこし広くなった草むらにならんでスケッチをはじめた。

安一郎君は油彩画を描く準備をしていたが、描く前にスケッチブックに鉛筆で細やかなデッサンをとっていた。僕は、その丁寧な仕事のすすめ方をみて、彼の真面目な性格が出ているなと思った。それぞれ好きな場所を選んで描いていたが、早起きをしていたこともあり、お昼の弁当を食べるとみんな眠たくなって、しばらく昼寝をすることにした。山の上の涼しい風が心地よかった。

僕が目をさますと、安一郎君はもう油彩画にとりかかっていた。午後になる

富士山を描く安一郎君

と雲がかかって、山頂は見えなくなっていたが、彼は午前中に描いたデッサンをもとに、晴れた空に映える富士を描いていた。

サッカーのこと

安一郎君は中学時代、吹奏楽部に所属し、自ら立候補して生徒会長をつとめたという、いわゆる優等生の模範のようなタイプの生徒だった。しかし、いつも周囲から期待されることに応えようとしていたことに息苦しさを感じていた。振り返ってみても、この頃の自分が嫌いだという。そもそも、そういう役まわりは異性にもモテないし、割に合わないと感じていた。それで高校に入学してからは、そんな自分を変えたいとサッカー部に入部して、そのもやもやから解放され、サッカーにのめり込んでいった。地元静岡県の高校は、全国でもとび抜けてサッカーのレベルが高く、選手になるにはなかなか難しく、三年間補欠だった。しかし、それでもよかったというくらい、サッカーに打ち込んだ。

今もサッカーが好きで、ワールドカップの時などは、会うと黄と緑のブラジルの選手たちと同じユニフォームを着ていたりする。安一郎君と一緒にテレビ観戦などしようものなら、もううるさくてかなわない。ただでさえ大きい声が、さらに大きくなる。よく海外へも観戦に出かけて行く。フランス大会のときは、美術大学で先生をしているというのにパリの美術館へも立ち寄らずに、まっすぐサッカー場へ行って、そのまま帰国したという。

美大の受験

高校では卒業後の進路を決めなければならなかったが、サッカーばかりやっていて勉強を忘れてしまっていた。やがて勉強で勝負するのをあきらめ、得意な絵の方面であれば何とかなるのではないかと、その方面へ進もうと考えるようになった。将来はイラストレーターのような、なんとなく絵を描く仕事ができたらいいなあ、というふうに思っていた。ただ、絵の方面の学校へ進みたいという希望があるだけで、どのような学科を選択すべきかということについては漠然としていて、デザインとか絵とか、アートとか、そんなカテゴリーの違いについてはわかっていなかった。

「そんなもんだよ、田舎の高校生って」

と安一郎君はいう。

絵に関しては、小中学校時代は虫歯のポスターコンクールで金賞をとったり、写生大会で一等賞をとったりして、描いた絵を褒められた経験から自信もあった。自分は器用になんでも描けると自負していたし、美術に関しては誰にも負けたくないと思っていた。

ところが高校三年の夏に、美術大学受験のためにと東京の多摩美大の講習会に参加して、そういった思いがうち砕かれて自分が井の中の蛙であったことを知った。絵の良し悪しは上手い下手ではなく、どこか自分が知らないところにモノサシがあると感じた。中学や高校で教えられていた美術と、自分がこれからやっていこうという美術との違いに気づいて、これまでのテクニックだけでは描けないと思いはじめたのである。

その後は、絵の能力を生かしてポスターや雑誌のイラストレーションを描くような仕事に就きたいと、それまでよりずっと具体的な夢を思い描くようになった。そのためには、なんとしても美術大学へ進学しなければならないと、御殿場から沼津の沼津美術研究所へ通い、その後、方々の美術大学を受験したのだが、すべて不合格であった。仕方なくこの予備校で一年間浪人して、さらにデッサンや色彩の勉強をして、翌年また受験したのだが、また、どこの美術大学からも合格の通知は来なかった。

東京へ

どこにも入学できないまま、二年目の浪人生活をはじめることになった。御殿場から上京し、下宿をして「すいどーばた美術学院」という東京の美術大学受験専門の予備校に通うようになった。沼津の研究所では生徒数も少なく、常に先生からの自分の課題作品への評価がどうかということばかり考えていた。しかし、この予備校では、全国から集った大勢の受験生たちから、これまで知らなかったいろいろな考えによって表現された課題作品を見せられ、刺激を受けた。

たとえばその頃の安一郎君は他の受験生たちに対してずっと、色に対してコンプレックスを感じていた。緑色といえば、お茶の色。オレンジ色といえば、みかんの色というふうに、大ざっぱな色しか思い浮かべられなかった。しかし、御殿場とは異なる、多様な価値観が存在する東京という巨大で複雑な都市のなかで、もっと微妙で繊細な色の世界があるということを知った。

「田舎から出てきたばかりの人は服装が派手で、頑張ってお洒落をしてるじゃない。だけど東京にずっと住んでる人は、もっと肩の力が抜けてて、こまやかな色彩の違いを気にして楽しんでるよね」

これはファッションにも共通していると安一郎君はたとえて言う。

それまで知らなかった様々なことに刺激を受けながら二年目の浪人をしているとき、二十歳になってから才能の芽が出るようでは遅いというような焦りを感じるようになった。それで夏に御殿場に帰省したときに、御殿場の「SWING SPOT」という、地元でとびきりお洒落な店として有名だった喫茶店ではじめての個展を行った。その頃の安一郎君は、自分にはまだ世の中で誰もやっていないような、無二の絵を生み出す才能がなければならないと考えていた。だから、オリジナリティということに強くこだわった。そう思って必死になって描いた絵を数点展示して、地元の友人や恩師に見に来てもらった。

また、当時、東京のイラストレーションの世界では、パルコデパートが主催する「日本グラフィック展」という公募展がひとつの登竜門となっていて、ここで受賞した日比野克彦さんや谷口広樹さんが世に出て活躍していた。自分の才能に不安をいだいて、とにかく人に認めてもらいたいと思っていた安一郎君は、ここへ出品して準入選をしたことがあった。下宿に干していた洗濯物を畳に寝っころがって窓から眺めて描いたもので、当時できる限りのことをすべて試み、凝りに凝った表現をした作品であったという。

東京で様々な刺激を受けて目覚めていく自分を自覚しながら浪人生活をして、翌年、美術大学を受験したのだが、またしても、どこにも合格することができなかった。しかしそれでもまだ、美術大学への進学はあきらめられなかった。三浪目を覚悟していたが、両親が許してくれなかった。それで渋々、都内の専門学校へ入学することになる。両親からすすめられてのことだったが、安一郎君は、この学校では、まともに授業には出なかった。学校へは出席をとりに行くだけで、その頃「Y.M.O.」や「チェッカーズ」など、当時話題のミュージシャンのアルバムデザインをして活躍していたグラフィックデザイナーの奥村靫正さんのデザイン事務所でアルバイトをするようになり、ほとんど泊り込みで働き、昼と夜の区別もないような生活をするようになった。きつい職場だったが、このとき、予備校とはまったく違うデザインの仕事の現場から強烈な刺激を受け続けることになる。そして美術大学へ行くことをあきらめきれず、ひそかにもう一度受験しようと思っていた彼は、デザイン科に合格するためには、予備校の絵の勉強のほかにもっと学ばなければならないことが多くあると思うようになった。デザイン事務所で働けたことで、デザインというものが理解できるようになったのかもしれない、と当時をふり返って安一郎君は言う。そして翌年、四度目の受験をして、ついに東京藝術大学デザイン科に合格することができた。僕は、そのときのことを知らないが、きっと嬉しくて泣いたに違いない。

藝大に入学してからの安一郎君は、図形の造形的な面白さ、伝達の力といったものに強く惹かれ、日本画家の福田平八郎の、ぎりぎりまで簡略化された表現、シルクロードの仏画やインドの壺に描かれた絵などに関心をよせて平面デザインの研究を続けていた。また、そのために用いる素材自体にも深く関心を持つようになり、別の科で彫刻や彫金などを学ぶ学生たちとも共同で制作を試みたりして、広い領域から平面デザインというものについて考えるようになった。

安一郎君の線

僕が安一郎君と最初に出会ったのは、まだお互いに二十代の前半だった頃で、美術大学時代の共通の友人の結婚式の会場でだったが、その後、交流は無かった。ただその強烈な風貌だけが忘れがたく目に焼き付いていて、それから五年ほどたった頃であろうか、たしか案内状をもらったと記憶しているが、僕は彼の個展を見に行った。一九九〇年代半ば頃だった。大きな麻布や小さな紙片、陶製の皿などに自由奔放に線を描いた作品を展示していた。その後、案内状をもらうようになり、何度か個展を見に行った。

あるとき黒板にチョークで描いた絵を、定着も額装もせずにそのまま壁に立てかけていたことがあった。僕は心配になって、

「さわると、これ消えるんじゃない」

と安一郎君に言ったのだが、

「いいんだ、それで。消えてしまってもかまわないんだ」

と答えるのだった。

その作品は、何を描いてあるということではなく、描く行為自体を問う実験的なものだった。つまりは、描きあがった絵についてのみ論じるのはいかがなものかという問題提議であった。僕は、そういうふうに絵画へ向き合う彼の姿に圧倒されたのだった。

その後しばらくして、『四月と十月』の同人に誘ってこの本を一緒につくるようになった。あるとき、この本の仲間たちと集って酒を飲むことがあり、誌上で連載記事を書いていたアーティストの一条美由紀さんが、彼の描く線について質問したことがあった。一条さんはかつてヨーゼフ・ボイスが教鞭をとったドイツのデュッセルドルフ芸術アカデミーへの留学を終え、帰国したばかり

であった。

「あなたの線がとても気になるんだけど、作者の側としては、一体どういったことを表現したいのかしら」

「わからない。わからないから描いてんだ」

安一郎君がそう答えると、一条さんは、

「わからない、では答えになっていないわよ。美術家として、作品の観賞者にわかるように言葉にして説明すべきじゃないですか」

と、なんとか彼の口から線についての手がかりを聞き出そうとした。しかし安一郎君は、

「そんな、西洋的なコンセプチュアルな作品表現は、僕の目ざすところじゃない。もっと、東洋的な、曖昧な世界を追求しているんだ」

と頑として応じず、自分の線について語ることを拒み続けた。一条さんもまた、追求をやめなかった。二人はさまざまな事例を持ち出すなどして、いつまでも議論を続け、集った仲間たちは口をはさまずにずっと二人の話を聞いていた。

美に対して大事なことは奥ゆかしく隠すべきで、言葉にしてはシラケてしまうという日本人の考え方と、論理によって面白さを導き出そうとする西洋人の考えは相容れないだろう。この議論は、ひょっとしたら朝まで続くのではないかと思われた。しかし、この二人の論議は安一郎君が、

「まあ、たとえて言うなら、僕の線は僕の呼吸みたいなものかなァ」と言い、「そら、ごらんなさい。あなた、ちゃんと線について言葉で説明できるじゃありませんか」と一条さんがあきれたように言って終わった。

「なあんだ、そんな答えでよかったの」と、安一郎君は笑っていたのだが、彼が「線」について、どれほどこだわっているかという印象的なでき事だった。

安一郎君が「線」を主体にした作品づくりをはじめたのは二十代の後半になってからである。それまでは学生時代から取り組んできた図形や色のコンポジションが表現の主体としていたが、あるときから、それが平面デザインの目的であるコミュニケーションをするために本当に有効なことかと疑問を感じるようになった。そして、

「僕は、自分の表現が何かを伝える役割を備えているべきだとずっと思ってき

初期の線を主体とした作品（1994年）

た。しかし、そのことは、そんなに楽しいことではなく、本当にやりたいこととも違う」と、うまく伝えなければならない、ということから解放されて、もっと自分の感覚に重心を置いて、自由に落書きのように、あてどもなく線を引き、色を置き、そのことが楽しいのだと思いはじめた。このときから、まるで日記を書くように、毎日、ただ無意識に線をひきはじめたという。社会的なコミュニケーションをするための図案よりも、自分自身が描く一本の線に興味をもつようになった。それは、安一郎君が自らアーティストと名乗って活動をするはじまりでもあった。

その後は、ずいぶんと世界中を旅して活動を展開するようになった。僕が彼の個展を見に行くようになったのは、ちょうどその頃だった。海外のアーティストの話をよくしていたが、僕も興味があったので、よく話した。

安一郎君と知り合ってずいぶんたってからのことである。東京の酒場で二人で飲んでいたのだが、安一郎君が相変わらずアートの話ばかりするので、ちょっと退屈になってきて、郷里の富士山を描けと言ったことがあった。その頃僕は自分の郷里にある足立山という山を描いていた。

「アートっていうのも、それはそれで面白いのだと思うけれど、せっかく富士山が見えるところで育ったんだし、お父さんも期待してんだから、富士山の絵を一枚くらい描いてはどう」

と冗談めかして言うと、

「うちのオヤジにも描けなんて言われるんだけど、そんな恥ずかしいことできないよ。第一、俺には郷里の山を描いて感傷にふけるなんて、そんな趣味はない」

ときっぱり言い返された。

たしかにそうで、無名の足立山などとは違い、富士山となると安一郎君の郷里の山というだけではすまないだろう。古くから日本の象徴として画家たちに描かれた山である。新しいことに挑戦したいと思う若い芸術家にとっての興味の対象となりにくいのは僕にも分かっていたが、ちょっと意地悪を言ってみたくなって、そんな話をしたのだった。

ところが、安一郎君は、その後しばらくして、富士山をカメラで撮影した写真を題材にした作品を制作したりするようになったのである。僕は、どういう風のふきまわしかと思った。理由を聞いてみると、麓に住んでいるんだから、まあいいかと思えるようになったなどと、あっさり言う。そのあと、若いころは腹が出てるなんて許せない、なあんて思ってたんだけど、今の僕は腹が出てしまった。つまり、年とったってことかなあと、話をはぐらかしていたが、安一郎君のことだから、相変わらず、いつもいろいろな考えが頭のなかをぐるぐるめぐっているのであろう。

もしかしたら安一郎君は、本当は昔から富士山を描きたいと思っていたのかもしれない。僕は一緒にスケッチをしていて、富士山はやっぱり御殿場で育った安一郎君の郷里の山じゃないかと思っていた。

福田尚代が現代の美術表現をはじめるまで

福田尚代（ふくだなおよ）

一九六七年埼玉県生まれ。東京藝術大学美術学部絵画科油画専攻卒業、同大学大学院美術研究科油画専攻修了。主な展覧会に「Chaosmos'03 Mindscape」佐倉市立美術館（二〇〇三年）、「アーティスト・ファイル2010―現代の作家たち」国立新美術館（二〇一〇年）、「福田尚代 慈雨 百合 粒子」小出由紀子事務所（二〇一三年）、「秘密の湖」ミュゼ浜口陽三・ヤマサコレクション（二〇一三年）、「MOTアニュアル2014 フラグメント―未完のはじまり」東京都現代美術館（二〇一四年）、「開館20周年記念MOTコレクション特別企画コンタクツ」東京都現代美術館（二〇一四‐一五年）、「Reflection: 返礼―榎倉康二へ」秋山画廊、スペース23℃、ほか（二〇一五年）、「福田尚代―言葉の在り処、その存在」うらわ美術館（二〇一六年）、など。著書に『福田尚代作品集2001‐2013 慈雨百合粒子』（二〇一四年／小出由紀子事務所）、『ひかり埃のきみ 美術と回文』（二〇一七年／平凡社）など。

ずっと以前、米国の現代美術家のジェニー・ホルツァーが、墓石に自ら書いたテキストを彫ったものを床にならべ、インスタレーションを行った作品を見た。彼女がある雑誌で、あなたは何故わざわざ文章を墓石に彫るのかとインタヴューされ、「私はあくまでも文章家ではなく、造形作家でありたいと思う」とこたえていたのを今も覚えている。彼女にとって文章は創作活動の核であるのと同時に、作品の素材のひとつではなかっただろうか。

文章ばかりではない。現代の美術はいろいろな他のジャンルと関係して、その領域を拡大し、より自由な表現を行うようになった。美術が「絵」という限られた空間からとび出して久しいが、僕たちは一体どうやって、その自由なる表現を考えていけばよいだろうか。

ギャラリー覚で

昨年（二〇〇六年）秋に銀座のギャラリー覚で行われた福田尚代さんの展覧会を見て、僕は感動し、そのお手本を見たように思った。

その展覧会の案内状には、薔薇の花のきりぬき写真がいくつもならんでおり、そこに、

「ふいに目にした忌引き　ひきだしに冥府」

「罪が悔やみ　椅子に水脈が満つ」

と奇妙な言葉が添えられていた。さらに左下に小さく、「むかしむかしあるところに　どんくさい女の子が住んでいました。」と書いてある。一体、これは何であろうかと僕はまったく理解できない作品が気になって、引き寄せられるようにその展示を見に行った。

ギャラリーの扉を開けると白いタンスがひとつあり、その上に置かれたノートには、ぐちゃぐちゃと展覧会の計画が綴られていて、なかに細かなコラー

2006年9月に行われたギャラリー覚での福田尚代さんの展覧会の様子

ジュが一枚はさみ込まれていた。それを見ていると、ギャラリーの人が来て、アメリカの病院に入院をしたときにつくらされたものらしいですよ、と言う。タンスの引き出しの中は、まっ青な海に浮かぶあざやかな緑の島のジオラマだった。よく見ると、そのなかの砂浜に、小さな人がひとり、足跡をつけて歩いているのである。

このタンスは作者の家にあったものらしい。人のタンスを開けるというのは、ただそれだけで見てはいけないものを見てしまうような気持ちになって、どきどきするものだ。そして、ギャラリーの広く白い壁には、手のひら大の額が一枚飾られていた。なかには、大島弓子の漫画の一頁が一枚入っている。部屋に入ってから何となく気になっていたのだが、よく耳をすましてみると、ギャラリーの控え室からは小さな音量の外国語のオペラのような歌声が流れていて、さらに展示室内にはラベンダーの香りも漂っていた。これらすべてが作者の作品であるという。一体、何を表現しているのか、僕は、さっぱりわからなかったが、あきらかにここには作者の心の叫びというのか、小声でしか他人に伝えることのできないような極めて個人的な精神世界を伝えようとしている作品であることだけは感じていた。僕は個人的な秘密を明かされてうしろめたいような気持ちになってきた。

　偶然にもその場で東京の画廊を中心に美術情報誌をつくっている言水ヘリオさんと鉢合わせた。

　彼は以前にも福田さんの展覧会を見ていて、「彼女の作品を見ると、ぞっとして寒気がはしる」と語っていたのだが、僕もそう感じていた。これは、狂気の世界なのか。僕は、血の臭いのような恐ろしいものも感じた。

　ぞくぞくするばかりで、うまく言葉にならない感想をもて余して鑑賞していると、そこに偶然にも作者の福田さんが現れた。僕は、声をかけるべきかととまどいながらも、少しでも理解したいという気持ちで、思い切って大島弓子の漫画がかけてある理由をたずねた。

「あの場面は私にとってとても重要なものなんです。ずっと架空の恋人がいて、その人に恋をしつづけていた。だけど現実の世界で恋人ができたので、その恋人にお別れをしなくちゃならなくなった、軽蔑しないでというところが描かれているんです。とてもつらいことなんです」

予想しなかった冗談のような説明をきき、僕は思わず福田さんの顔を見たが、彼女はとても真剣な表情をしていた。ただ、それを伝えたいというだけでこの漫画そのものを切りとったのであろうか。驚きはさらに続く。

芳名帳が置かれた棚に本が束ねてあったので手にとると、それらは福田さんご自身が自費出版した詩集で、すべて回文で書かれたものであった。

たとえばその一冊「瀕死の神秘」には次のような文章がある。

「爆発待つ白馬（はくはつまつはくは）」

「惨劇　無期限さ（さんけきむきけんさ）」

「見たくない　泣くたみ（みたくないなくたみ）」

「痛み見たい（いたみみたい）」

「蚊に追われ　これは鬼か（かにおわれこれわおにか）」

「『流れ川にいつか春　舞うでしょう』と答えた花びらがひからび名は耐えた

孤島　葦で埋まる墓　遂に別れかな（なかれかわにいつかはるまうてしようとこたえたはなひらかひからひなはたえたことうよしてうまるはかついにわかれかな）」

これらの本を読んで、僕は、ようやく案内状にあった文章が回文であったと気づいた。それにしても一体何故このようなものを書いているのか。どうやったら、こんな回文を次々と作ることができるのだろうか。福田さんの世界のすべては僕の理解を超えていた。そして過去の作品ファイルを見ているうちに、僕はいつの間にか、すっかりこの作家のことが気になって仕方なくなっていた。

アトリエを訪ねる

その展覧会を見た後、しばらくして僕は『四月と十月』の同人もさそって、さいたま市にある福田さんのアトリエを訪ねた。アトリエは窓から街を見渡せる高層ビルの高いところの階にある。福田さんが、一体どのようにして現在のような表現方法にたどりついたのか、すこし昔の話からうかがってみた。

福田さんは、子どもの頃から絵を描くことが好きだったのだが、描こうと物を見つめると、点の集合体に見えていたという。他の人もそう見えているのだと思っていた。だからその後、理科の授業で物は分子や原子からできているのだと教わると、あの点がそうなのだと納得して、何か物を見て描くときには無数の点を打って表現した。高校生のときに描いた油画もデッサンもすべて点の集合だった。画家になる決意をして美術学校の予備校へデッサンの勉強に通うようになってからは、他の生徒が一日で描き終えるモティフを二週間かけて点で描き、あまりに描くのが遅いので、専用の別室で描かされるようになったという。

そんなふうにして描いていたある日、石膏デッサンをしていて、点ではなくひとつの立体物としての、しっかりとしたまとまりのある形に見えたとき、ほんとうにびっくりしたのだと言う。それから点で表現することをやめて描くようになった。

東京藝術大学の油画専攻に現役で入学。そのまま順調に画家になるつもりだった。在学中の福田さんは上野公園でよく地べたに座って絵を描いていた。ホームレスから、「ねえちゃん、それじゃオレらとかわらんでぇ。椅子にすわらんのか」などと声をかけられても、「私、地面が好きなんです」とかまわずに描きつづけていた。

あるとき、友人と三人で東京都美術館から国立西洋美術館まで地面に石膏で花の絵を描いて、警官に注意をされたことがあった。そのとき友人たち二人は謝ったのだが、「まだ絵が途中なんです」と福田さんだけは泣きながら抵抗して、警官から「そいうことはなァ、巨匠になってから言え」などと言われたこともあったという。

十九歳のときに、スケッチブックをかかえてインドへ旅に出た。しかし現地のあまりの暑さに耐えかねて、持参した七冊のスケッチブックのうち一冊だけを持ち歩くことにして、残りの六冊をホテルに置いてきた。ところが、このことは「スケッチブックを捨てる画家なんてありえない」と彼女をひどく失望させた。突然絵を描かなくなり、いつの間にか、ただ無意識に点を打つように描くだけになってしまった。大学三年のときには、絵の具がこびりついた教室の床の、自分の場所だけをリムーバーではがし、そこへひたすら点を打ちつづけていたという。

やがて、点を打っているときに、自分がやすらなか気持ちでいることを発見した。そして、あるときから、点のかわりに文字を描くようになった。高校時

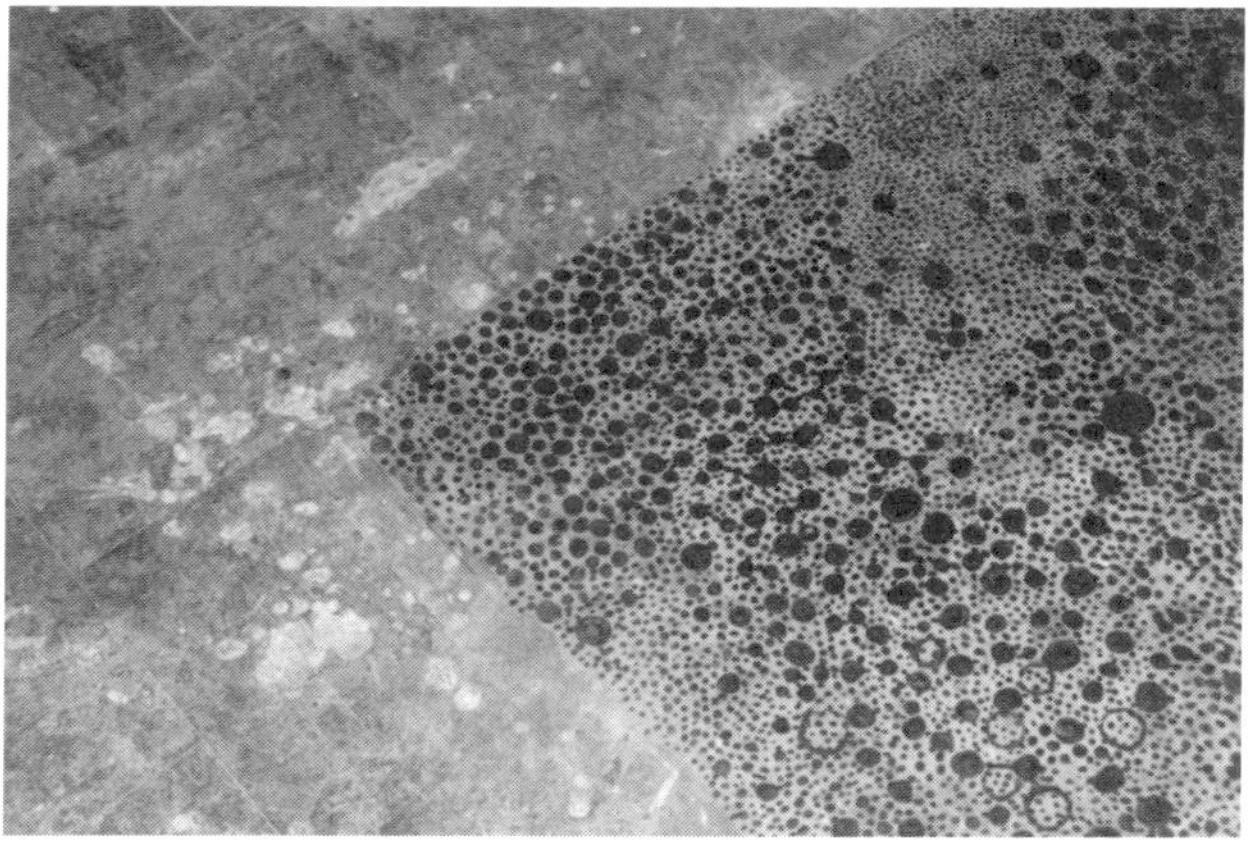

東京藝術大学の教室の床に福田さんが描いた点

代には本が好きで文芸部に所属していたのだが、画家になろうと決めて以来、何故か画家というのは文字を書いてはいけないのだと思い込んでいた。だが、もう自分は画家ではないのだからと、そういう思い込みから自分を解放することができた。ジェッソでカンバスに地塗りをし、そこに普段使っていた万年筆で、精神医学者「R・D・レイン」の本の文章をびっしりと描いたりした。この文字を描く仕事は、修了制作の作品までつづくことになる。こうしたいきさつでつくった作品は、評判がよく、方々の画廊から個展のさそいがあった。

学部を出てからは大学院に行った。ところが今度は作品づくりをしているうちに、プレッシャーにつぶされてしまい、まったく作品をつくれなくなってしまった。

回文のこと

大学院を修了してから、福田さんは郵便局で働くようになった。もう、その頃には美術作品をつくることは、すっかりやめてしまっていた。そして昔から好きだった回文づくりに没頭していた。夜眠れず、暇だったから言葉をさかさまにして遊んでいたら面白くなってやめられず、気づくと朝になっていたこともあった。それから二年間、毎日、とり憑かれたように回文をつくりつづけたという。そんなとき個展をやらないかという話をもちかけられた。それで、作っていた回文の展覧会をしてみることにした。書いた回文をまとめた文集を作り、コラージュの作品と一緒にならべてみているうちに、漠然と回文と美術を結びつける方法はないだろうか、ということを考えるようになった。

その後、結婚。夫の米国の大学への留学のために日本を離れ、ワシントン州で暮らすことになった。二十六歳だった。

家は街から遠い、山の自然に囲まれた森のなかにあり、食料を調達するためにはリュックを背負って下山しなければならなかった。福田さんは日本語がまったく通じない、ということが愉快だったので、あえて語学学校へは通わなかった。ラジオから流れてくる言葉や新聞にならんだ文章がわからないことも新鮮で、そんなことははじめての体験だった。よく森のなかを歩き、自分だけの言葉をみつめて好きな回文づくりを楽しんだ。

森の中では、東京の美術関係者たちに感じていた違和感や藝大時代の作品制作のプレッシャーからも解放されていったという。友人たちからは、米国に行くなら、どうしてもっと美術がさかんなニューヨークに行かないのかと言われたが、その頃の福田さんには、自然のなかで暮らしてみたいという気持ちしかなかった。時々、夫とネイティブアメリカンの聖地を訪ねたり、料理やお菓子をつくって、たびたび夫の大学の友人を招いてはホームパーティをしたりすることもあった。

しかし、そんな生活も夫との別居によって終わってしまう。日本へは帰らず、シアトルでハウスシッターをしながら一人暮らしをすることになる。精神的にもつらかったこの時期にも文章は書いていたという。

やがて六年間の米国での暮らしを終え帰国。実家へもどると離婚を知った母親は病に倒れてしまった。そんな頃、突然、銀座の「ギャラリー覚」の御殿谷教子さんから個展の依頼がある。出国する前に作った回文集がきっかけだった。その依頼を受けて七年ぶりに個展を行うことになった。それから毎年一回ここで個展を行っている。僕が彼女の作品に出会ったのは、このギャラリー覚での五回目の展示のときだった。

ここでの展示は、毎回まったく違った内容になるらしい。福田さんはこれらの作品づくりをするために、自らつくった回文をテキストとすることもある。まず回文のタイトルが浮かび、そこから造形表現が現れるのだという。

福田さんは作品制作と回文が結びつくようになってからは朝起きたときベッドのなかで何か浮かんできた言葉を枕元のノートにひらがなで書きとめておくようになった。まるで音が耳に聞こえてくるように回文となる言葉が浮かんでくるのだという。書いているときは自分でもそれが何なのかわからないが、あとで見直したときにその音だけの言葉の意味に気がつく。また、好きな本を読んでいてふと気になる表現があると、偶然それが回文だったりすることもある。出かける用事があったり、洗濯をしたりしなければならないと思っているときは回文は浮かんでこない。

回文は彼女が、様々な事柄から解放され、自由で自然な状態であるときにできあがるものなのである。つまり、彼女の美術作品も回文同様に考えてつくられるのではなく、天然のインスピレーションの泉から生まれ出たものなのである。福田さんにしかできない宇宙や自然とひとつになって言葉を生み出す方法の延長に美術表現がある。天才的に生み出されていく言葉によって形を与えられる美術作品。僕らは、そのあまりにも自然な姿のままさらけ出された彼女の意識にふれて、ぞっとするのである。

福田さんは米国から帰国した頃、枕元に「蝶」がはっきり見えていて、こわいので精神科をたずねたことがあった。医師から、「それは子供には見えているものなので子供心があるということ。心配いらない」と言われ、安心したという。僕は、それはきっと幻覚などではないと思う。おそらく、どんな人間の意識のなかにも、そういうものが潜んでいるのだが、福田さんは、それと対話することのできる稀有な能力を持っているのだろう。いや、本当にそうだろうか……。ただ、僕は、福田さんの作品を見ると、いつも自分がひどく鈍感で、野蛮な人間に思えてしまうのである。

◎本書への再収録にあたり小出由紀子事務所にご協力いただきました。

湯町窯の画家　福間貴士

福間貴士（ふくまたかし）

一九〇四年島根県生まれ。江戸中期、松江藩の御用窯であった布志名《ぶしな》焼《やき》の流れをくむ現在の湯町窯の二代目当主。父が設立した「出雲陶器株式会社」で絵付けを担当していたが、後に、柳宗悦、濱田庄司、河井寛次郎、バーナード・リーチらの民芸運動に加わるようになり、「湯町窯」を設立。全国の民芸品店への陶器の営業の傍ら、絵を描き続けた。一九八九年死去。現在、湯町窯は三代目の福間琇士、四代目の庸介へと引き継がれている。県内で採取される「黄釉」を用いたこの窯のエッグベーカーは有名で、窯の代名詞ともなっている。

湯町窯
〒６２９‐０２０２
島根県松江市玉湯町湯町９６５

出雲の湯町窯

もう十年以上前のことになるが、東京・小金井市の中村研一美術館で画家の中村研一の陶芸作品を見た。鶏の頭と尾のついた手びねりの大皿だったが、実に楽し気な彩色が施されていた。僕は当時、その近くの安アパートの一室をアトリエにして貧乏暮らしをしていたのだが、東京郊外の湧き水が流れる自然のなかに家とアトリエをかまえ、余技にこんな陶芸をして戯れる画家の暮らしぶりをうらやましく思った。研一はきっと、広い庭でこの大皿に料理を盛って客人たちをもてなしたりしていたのだろう。庭には焼き物の窯もあったのかと思いながら、器の傍らにあった説明文を読むと、意外なことに遠く島根県の湯町という窯で焼いたものだった。わざわざ画家が訪ねて行った窯とはどんな窯であろう。興味深く思った僕は、あるとき、九州への帰省の折にその窯に立ち寄ってみた。山陰の海沿いの道から少し入った玉造温泉駅のすぐそばの瓦屋根の風情ある建物で、工房と棟つづきに、器を売る売店があった。玄関先に大きな沖縄のシーサーが飾られているのが印象的だった。その戸を開けて中に入ると、当主の福間琇士《しゅうじ》さんが現れた。挨拶をして、さっそく中村研一が昔ここに作陶に来なかったかと尋ねてみると、「父の代にはよく画家がここへやって来られた」と、二階の展示室を案内してくださった。そこには、研一のほかにも、棟方志功や山下清、バーナード・リーチらの絵や作陶作品、柳宗悦の書などがあって、僕は思いがけなく大勢の美術家たちがこの窯へやって来たことを知った。

「父はよく先生方と交流をしておりました」

と言って、ひとつひとつ誰の作品であるかを教えてくださった。一体なぜ、美術家たちは、はるばる山陰のこの窯を訪ねてきたのだろうか。なんとなくそんなことを思いながらも、初対面であれこれ聞くのもはばかられ、器をいくつか買って帰った。そのとき名刺を差し出して、しばらくの間、福間さんとの年賀状のやりとりが続いていたのだが、またうかがうと言いながら十年以上時が過ぎてそれも途絶えていた。しかし、何故たくさんの著名な美術家たちが訪ねてきたかということは、ずっと僕の胸の内にくすぶりつづけていた。

そんなふうだったが、昨年（二〇一〇年）、ようやく湯町窯を訪ね、福間さんと再会することができた。福間さんは僕のことを覚えていてくださった。そのとき「スリップウェア」という、スポイトに入れた泥状の粘土で陶器に文様を描く専門的な技法などを用いて、現在の湯町窯のスタイルを築き上げてきたという窯の歴史についても話してくださったのだが、陶芸に詳しくない僕は十分に話をのみこめなかった。この日もコーヒー茶碗や皿などを買って帰ることにして、代金を支払うために窯場と売店の間にある畳六畳ほどの昔ながらの木枠のガラス窓で仕切られた事務室へ行くと、壁に民芸品店をスケッチした油絵が数枚かかっていた。画風からして同じ画家のものらしく、気になって誰の作品か尋ねたところ、湯町窯の先代であられた福間さんのお父様が描いたものだという。湯町窯の焼物を扱う全国の民芸品店を訪ねて描いたものらしい。

取引先の店を描いてまわるなど、なかなかいいではないかと思いながら見ていたのだが、筆が走って絵の具がかすれ、その熟練されたタッチに引き込まれていった。単に見た通り写実的に描いたものではなく、絵として面白くしたいという意識にあふれていて、まったく媚びたりおもねったりすること無く、自由に描いてある。そして、なかなか洒落ているのである。僕はこの絵が好きになった。福間さんのお父様は陶器の絵付けの仕事の傍ら、このような油絵を描かれていたらしい。画工の絵とはこういうものかと感心していると、これはほんの一部で、倉庫にも自宅にも、整理しきれないほどたくさん絵があるという。それで後日、他の絵もあらためて見せていただくことにした。

窯を救った画工

僕はお父様の絵を見せてもらう前に、少しは湯町窯のことを知っておこうと、古本屋で探してきた資料に目を通してまとめておいた。以下はそのまとめ。

布志名（松江市）には、古くから出雲地方の宍道湖の水運を利に発展した多

壁に福間貴士の絵が飾られた湯町窯の事務室

くの窯があり、輸出を行うほどだった。柳宗悦、富本憲吉らによる同人雑誌『工藝』（昭和九年三月発行）に福間さんのお父様であられる福間貴士さんのことが記されていた。大正七年に小学校を卒業後、祖父が勤めていた布志名の窯へ通い、「竹に雀」から絵付けを習いはじめたという。松江洋画研究所でデッサンを習い、池田興雲という画家について日本画も習っていた。興雲は、東京で川端画学校を開いた川端玉章に絵を学んだ後、帰郷して松江で美術教育に携わっていた画家だ。また、貴士さんは、仕事見習いのため河井寛次郎を訪ねてもいた。

子供の時からロクロも覚えていたので、会社に勤めながらもわずかな暇を見つけては色々なものを試作して楽しんでいたという。やがて祖父が、大正十一年に現在の玉造温泉駅のそばに布志名の流れをくむ湯町窯の前身「出雲陶器株式会社」を設立すると、貴士さんはそこで絵付けを担当するようになった。そして昭和六年、柳宗悦の来湯をきっかけに、河井寛次郎、濱田庄司らの実地指導を受け、次第に民芸運動にのめり込んで社内に民芸熱をひろめていく。それまで薄手の生活陶器であった会社の製品は、民芸品が流行する時代の流れも手伝い、頑丈で味わいのある民芸品へと変化していった。その後、不況によりこの地方の窯は次々と閉鎖される事態となったが、民芸へと転じた湯町窯だけは業績をのばしつづけたという。当時の『民藝』には、次のように記されている。

「か丶る情勢下にあつて、会社が依然電力を使用して、同村報恩寺の赤土と石見国水村の白土とを以て、青、黄、の藁白などの釉をかけたビール呑、鍋、コーヒー用具、花瓶などを全く不景気知らずに作り続けてゐるのは、誠に地方窯業界一の異数である。而もそれが同社の一画工たる定義（貴士の戸籍上の名）の民芸に目覚めたのが動機なのだから素晴らしい。言葉を換えて言へば、民芸が此会社の破滅を救つたのである。」

事務室の絵を描いたお父様士は、民芸運動の影響を受けて、それまでこの土地で作られていた陶器とは異なる新しい陶器を作りはじめたのであった。そして、お父様が民芸運動に参加したことがきっかけで、昔、多くの美術家たちがこの窯を訪ねて来たのである。福間貴士とは一体どんな人だったのか。その存在は僕のなかで段々と膨らんでいくのだった。

福間貴士の絵を見に行く

今年（二〇一一年）一月のはじめ、お父様の絵を見せてもらうため、ふたたび湯町窯の福間琇士さんを訪ねることにした。この冬は日本海側は大雪だった。山陰本線を走る列車の車窓に鉛色の雲が広がり、まっ白い雪の海岸に黒々とした荒波が打ち寄せる風景を見た。松江に宿をとって町を歩いていると、積もった雪に折られた木枝があちらこちらに散乱していた。僕は歩きながら宍道湖を眺め、かつてこの湖畔から、たくさんの布志名の焼物が湖上の船に積み込まれていた様子を思い浮かべてみた。

前日、お昼の待ち合わせの時間を早めて、朝にしてもらおうと電話をしたとき、福間さんがいなかったので奥様にお伝えして折り返し連絡をもらうことになっていたが、まだ連絡が無かった。そのことを気掛りに思ったまま宿に泊まっていたが、翌朝、宍道湖へしじみ漁へ向かう舟の群れが走る音で目が覚めた。忘れられてしまったのではないかと心配になって、朝食後にこちらから湯町窯へ

画家の中村研一がデザインした壺を手に持つ福間貴士。湯町窯の上り窯の前にて

電話を入れてみると、すぐに来てもよいとのことで、さっそく出かけて行く。

松江から各駅停車で二駅の玉造温泉駅で下車をすると、目の前に湯町窯がある。寒いからだろう、福間さんは、もこもこの毛糸帽をかぶっておられたが、すでに窯で仕事をしている様子でエプロン姿であった。会うなり、「いやいや、ここのところ、土練機の調子が悪くてね。昨日の電話は、そのことが心配で電話くださったのかなと思って……。その土練機のメーカーが『株式会社マキノ』っていうんですわ。いやー、ごめんなさい。機械のことで頭がいっぱいで。お許しください」

僕は、こんな偶然があるのかと吹き出してしまう。奥様の久枝さんが湯町焼の湯のみで抹茶と菓子を出してくださり、それをストーブの火にあたりながらいただく。一息ついて事務室へ行き壁にかかったお父様の絵をあらためて見ながら、福間さんに話をうかがう。

「父は民芸品店に集金旅行に絵具箱を持って出かけとりましたわ。私はここに留守番。訪ねると、その店の前であぐらをかいて描いてました。カメラは持って行きません。現場主義でしたわ。描いていると色々な人がのぞいたらしいんですが、みんなが感心するほど早く描いたそうです。父は、棟方（志功）さんがさっと早く描くのを見ていて、自分も早く描こうとしていたみたいなんですわ。八十歳すぎても描いていました」

福間さんは、そんな話をすると立ちあがって隣の倉庫から両手に何枚もの絵を抱えてきた。窯の片隅に放置してあったらしく、埃をかぶっていたが、久枝さんが一枚一枚布でふいては見せてくださった。

「バチがあたるわ。仕事にばっかり追われて手入れもせんままに……」

福間さんが申し訳なさそうに何度もつぶやく。絵は同じ大きさの薄いキャンバスボードに描かれ、簡素な額装がなされている。そのどれもが、絵の具の乾きを待たず、一息に描きあげられている。僕はこうした潔い描き方ができるのは、焼物の絵付で同じ絵を大量に描くからだろうかと想像してみたりした。キャンバスボードの裏には、そのまま絵筆で「貴士」という画号、民芸品店の名、住所、日付などが記されているが、驚いたことに、描いた時間までもが書かれていた。「后後五時一〇―五時五五マデ」。こうして時間を気にするのは、やはり、描いた数がそのまま収入に直結する絵付けの仕事をしていたからか。それとも、ただ几帳面な性格であったからか。

僕も、わずかではあるが陶器に絵付けをした経験がある。曲面の多い立体の画面に筆を走らせるのは、平面に描くのとは強弱のつけ方などずいぶん事情が異なって慣れるまでにひと苦労する。また、釉薬の色が塗ったあと焼き上がると変色することにも戸惑う。そして何より難しいと感じたのは、完成品が料理を盛ったり茶を注いだりするという用途にふさわしくなければならない点だった。お父様は、このような実用的な生活陶器に絵を描くことが本職であった。

全部でどのくらいの枚数の絵を描いたのかは、福間さんにもわからないという。湯町窯の事務室で見せていただいた絵は、民芸品店や民芸資料館の建物などの風景画、蟹や魚などの静物画ばかりだったので、人物は描かなかったのかと福間さんに尋ねると、自宅の屋根裏部屋に山のように未整理の絵があり、そこにあるかもしれないという。それで、このあとご自宅へも伺うことになった。

屋根裏部屋の絵

「冷房中だから、なんか着とってください」

福間さんは、こんな冗談を言って雪に埋もれた車に乗せてくださる。車中で、

「琇士先生は絵を描かないのですか」

と尋ねると、

「私は恥かいたり汗かいたり、背中掻いたり……」

とまた冗談を言ってしばらく無口でハンドルを握っていたのだが、

「私は、描きません。父親が自分の描いた絵を家に持ち帰り、『ほかに無ければ日本一』だなんて自慢していたのですが、私も年頃でしたから、いつもそういう話ばかりされてイヤでした。年をとった今は理解できますけど……」

と話してくださった。いつも自分のエゴと向き合わなければならない絵描きに付き合わされる家族は大変だということは、僕にも思い当たるところがあってよく理解できた。琇士さんの時代になってからは、湯町窯では絵付けは行わず、黄釉と海鼠釉を用いて、色と文様、形だけで勝負する器を作るようになっていたが、その話を聞いて僕は、予想していた以上にお父様が絵付けの仕事や自分のために絵を描くことに熱中したことを想像した。そしてまた、静かな山陰の町に住み、陶芸で生計を立てて家族を養いながら、理想とする民芸運動に

加わって自分の絵も描きながら暮らすなどというのは、生やさしいものではなかったはずだとも思った。

「今のように私が仕事をしていられるのは、棟方さん、リーチさんのおかげです。店の紙袋は棟方さんの絵を使わせてもらっています。それは親父のおかげだと感謝しちょります」

ご自宅では、裸婦や魚や陶器などの静物、松江城や広島の原爆ドームなどを描いた風景画を見せていただいた。予想通り、お父様が描いたのは、取引先の民芸品店ばかりではなかった。そして、ここには親交のあった画家たちの絵もあった。お父様は、当時十八歳で帝展入選を果たし、島根の天才と言われていた木村義男をとりわけ尊敬して絵も習っていたらしい。また、「光風会」という絵画の全国組織の展覧会には百号の絵も出品し、その会の理事であった東京の画壇にいた中村研一との交流も重ねたという。中村研一はそうした繋がりから湯町窯を訪れて作陶をしていたのだろう。

さらに屋根裏部屋にも沢山絵を保管してあるという。ぜひ見たいと福間さんに頼んで階段をのぼり、にじり口のような扉をくぐって屋根裏部屋へ入れてもらう。うす暗い室内を懐中電灯で照らすと、重ねられたり、紐でまとめられたりして部屋のずっと奥まで、ものすごい数の絵があるではないか。

「これ、全部、お父様の絵なんですか……」

僕は思わず声をあげてしまった。ぼろぼろに使いこまれたスケッチブックが何百冊もあった。圧倒されて背中がぞくっとし、しばらく絵の山を見渡していた。こんなに描いていたのか……。驚いている僕の傍らで琇士さんがぽつりと言う。

「私も、このまま放ったらかしにして、ここにはどんな絵があるのか知らんのです……」

これだけの絵を描くには膨大なエネルギーと時間を要する。おそらく福間貴士は、時間を作ってはひたすら絵を描き続けていたにちがいない。いきおいのある筆致も、絵の裏に記された時刻も、おそらく、日々の生計のために陶作をする合間に時間を惜しむようにして描いたからだろう。僕は、絵の山のなかから、「メキシコ・グアテマラ」と表紙に手描きされたスケッチブックを取り出して開いた。そこには、民芸運動の仲間たちと旅した民芸品の宝庫である中米で出会った風景や人物、民芸品の意匠などが描かれおり、そのときの感動が生々しく伝わってきた。

「はあ、父親がこんなものを描いとったのは知りませんでした……」

他にも見ていくと、次々と面白い絵が出てくる。

「お父様は晩年、絵のことしか考えていらっしゃらなかったのではないですか」

「はあ……。そうかもしれません」

とてもではないが、この日にすべてを見ることはできなかった。いつか、あらためて福間貴士の足跡を追ってみたいと琇士さんに伝えて、家を辞した。中村研一美術館で見た一枚の鶏の形をした大皿を見たことがきっかけで、この画家に出会ったのは思いがけないことだった。僕はそれまで、ボンヤリと暮らしのための器に絵付けする陶工が描く絵と、芸術を追求するために画家が描く絵は、それぞれ別々の世界のものと思い込んでいた。しかし、福間貴士を知って、そもそも分類する必要などあるのか。どちらでもよいではないかと考えるようになった。

田口順二の美術生活

田口順二（たぐちじゅんじ）

一九六四年熊本県生まれ。中学校美術教諭。北九州市立美術館、旧百三十銀行ギャラリー（北九州）、トライギャラリー（東京）、アートスペース貘（福岡）などで個展。福岡県北九州市八幡東区在住。『理解フノー』遠藤哲夫著（港の人刊）、『筑紫万葉恋ひごごろ』上野誠著（西日本新聞社刊）の挿絵。一九九九年十月の創刊号より『四月と十月』同人。

田口高明（たぐちたかあき）

一九六二年東京都生まれ。田口順二の兄。溶接工として働く傍ら洋画家・田代佳子氏のスケッチ教室に通う。画廊喫茶こもれび、旦過市場（北九州）などで個展。

同人の田口順二君のアトリエは、玄界灘を見下ろす家のなかにある。北九州市の中心地から少し離れた郊外にあるためか、家にいる彼と携帯電話で話していると、ときどき電波がとぎれて繋がらなくなることがある。

田口君とは同じ小学校に通い、一緒に黒板に漫画の落書きをしたり、県展に出す絵を競ったりした。ケンカもした。田口君というのは、どこかよそよそしいので、田口と書こう。田口は、小学校一年生のとき、校内の絵のコンクールに、やたら耳の大きな「父の顔」を描いた。実際、彼の父は耳が大きかったのであるが、叱られてばかりいた担任の先生からその絵をほめられたことで、絵を描くのが好きになったらしい。本人の耳は、そんなに大きくない。小学五年生のときに同じクラスになったのだが、田口は図工の時間に、叔母からもらったというフランス製の水彩絵の具を使っていた。僕は小学校の近くの文具店で売られていた安価な国産の絵の具を使っていたが、それとはまったくちがう、膨らみのあるやわらかな色彩を放っていて、うらやましかった。僕の「黄色」と書かれた絵の具のチューブからしぼり出す絵の具は、田口の絵の具箱のなかでは、黄土色だった。彼の絵の具箱のなかの黄色は、まぶしいくらいに明るく輝き、ヒマワリの花びらのようだった。こんな絵の具で描けば、下手でもいい絵に見えるじゃないか、ずるいなとも思っていた。

現在の田口の、さくさくと物怖じしない画風は、よく言えば軽妙。悪く言えばぞんざいであるが、その頃からそうであった。田口とは高校に進学したときに進路が分かれたが、その後もよく一緒に遊んでいた。

県内の美術大学でデッサンも学んだはずだが、まったく役に立っていない様子である。彼は高校時代、テニス部に所属していたが、夏の大会が終わった頃に美術大学への進学を決め、美術部へ押しかけて石膏デッサンに打ち込むようになったという。にわかに自信をつけのだろう、実力だめしにと隣町の博多の美術予備校のデッサンの講習会へも行ったが、ここで批評の対象にもならないと酷評され、その後はいっそうデッサンに取り組んだらしい。

田口順二。自宅のアトリエにて

先日、彼のアトリエで当時のデッサンをはじめて見せてもらった。たしかに、すさまじく熱心に描いてあるが、どことなく、ふにゃふにゃとしたところがあり、カチカチした石膏の質感というよりは豆腐のような質感が全体に漂っていた。つまり、下手くそなのだが、僕はそういうところが、ああ田口らしくていいなぁと思う。ただ正確に描くことが目的である石膏デッサンをしても、きびしすぎることのない、朴訥として、陽に焼けた麦藁のような人間的な味わいがあった。田口の弁によると、「デッサンが上手くできなかったのは確かだが、デッサンを一生懸命する人の気が知れなかった。平面に立体を表現することに興味が持てなかった。美術の基礎とはそこなのか、という疑問がずっとあった」という。それは、デッサンが下手な画家の負け惜しみととれないこともないが、たしかに、石膏デッサンがいくら上手くなっても、よい絵が描けるわけではない。

自作への探求

美術大学の油絵科に入学すると、田口は、あっさりと石膏デッサンの習練を放棄した。授業で球体を描いていたときに、先生から「おまえ、球になっていないぞ」と批評されたが、球を描くのには、この程度でよいと思っていた。平面上で、あきらかな立体に見えるように描いて表現しなければならない必然性を見いだせなかったからだ。そう言われてみれば、田口の絵には立体的に表現しようという追求がない。

「たとえば極端な例だけど、月が球体だからという理論で描いていたものが月を描いたことになるだろうか。自分が感じた何かを目と手を使って二次元化するんが絵やないかと思う」と田口は言う。こういうことを言われると、僕は、こいつはひょっとしたら天才ではないだろうかと思ってはっとする。

ぼそぼそへロへロとした彼の描く個性的な線について尋ねてみる。

「自分の線について、自分らしさだとか、そこに個性を表現することに興味がない。テクニックの対象として追究するつもりもない。俺にとって線は、その時々で自分の思いや考え方が込められれば、それでいい」

たしかに彼の線には、それ自体の造形的な美を追究するようなところがない。思わせぶりな衒いもない。まるで思い浮かんだ詩をノートに書きつけるようにして、さくさくと描かれた軽やかな線だ。

美術大学時代には公募展へ出品したり、個展やグループ展を行ったりして、作品を発表していた。まだ油絵の具の使い方は十分マスターできていなかったが、とにかく美術に浸ることが楽しくて描いていたらしい。

一九八七年に大学を卒業してからは、市内の中学校で産休代替講師をしながら公募展への出品や展覧会を続けていた。その頃、彼はまだ独身で母親と二人で小倉の郊外にある長屋に暮らして絵を描いていた。僕の実家からも近く、夏に帰省した折に、久しぶりに訪ねて行くと部屋の片隅にどこかで拾ってきた小枝に新聞折り込みちらしを切り張りして巻き付けたものが、いくつも転がっていた。

「おい、これ作品か」

と尋ねると、

「うむ。毎日、家にチラシが来るんで、それを使って何かできないかと思って……」

と言って、いつものようにヘラヘラ笑いながら、小枝のオブジェを出して見せた。

「朽ちる」1986年頃の作。電車で寝ている人をスケッチして、それをひっくり返して線路に落とすイメージで描いた作品。画用紙に水彩。520mm×440mm

当時、田口は、こんな奇妙なオブジェを作って現代的な表現を模索しながらも、一方でカラヴァッジオの絵を模写するなど、古典的な技法を学ぼうとしていた。

「大学の授業では、フランス近代の印象派の技法がベースになっとるけ、バロック時代の絵のように影を描くのに黒色の絵の具を使わんかった。それで、黒色で影を描くとどうなるか、と思って」

学生時代にやり残した絵の具の研究を続けているのだった。

中学校美術教諭

田口は、一九八九年に教員採用の試験に合格して中学の美術教諭になる。しかし、間もなくして壁にぶつかることになる。

「俺は、自分が絵が好きだったから、生徒たちも好きだと思っとった。やけど、それは勘違いやった。絵を描かされるのを苦痛に思い、授業をサボる生徒がいっぱいおった」

思い悩んだ末、絵に興味がない生徒たちのためにオリジナルの授業をはじめなければならないと考えていた。

そんなある日、学校のそばの遺跡で、ガラス製の勾玉が発掘されてことがあった。田口は、そのことにヒントを得て、鋳型に焼酎の空瓶を砕き入れ、七宝焼の窯で溶かして勾玉を作るという授業を考えた。そして、実際に美術の授業として行ってみると、授業に無関心だった生徒たちが、勾玉をぴかぴかに磨きあげて熱中するようになった。

生徒たちの反応を見て自信を得た田口は、今度は「自画像」を描く授業で、絵が上手な生徒だけが評価されるという、それまでのおきまり事をくつがえす授業を考えた。自画像は、顔の色や形をなぞって描くのではなく、自分を見つめることだと定義したうえで、生徒たちに目や耳、口など自分の顔の好きなところを自由な色で描かせた。生徒たちは、顔全体のバランスをとることにとらわれることなく、自分の顔のある部分を見つめ、熱中して描くようになった。

こうして授業があるたびに顔の一部分を描かせると、最後にそれらを貼り合わせて一枚の絵を作らせた。そして、ハリボテのような自画像を面白がる生徒たちに向かって複数の視点によって一枚の絵が成り立つピカソのキュビズムの絵画の理論についての話をした。

やがて、この生徒たちの絵が全国の美術コンクールで数多くの入賞して、一九九九年に、生徒たちは市の教育委員会から「久保田賞」を贈られることになる。この賞は、学校教育の充実、発展のために役立ててほしいと、かつてこの街の市議長であった久保田瑞一氏から市に寄付された名誉あるものだった。

その頃、田口は、中学校での授業に力をそそぎながら、次第に毎日自分が使っている黒板に、生徒たちをモデルにした作品を描きはじめるようになった。生徒たちが黒板にチョークで落書きをするのを見て、自分もやってみたくなったらしい。いまも、田口の絵には学生服を着た中学生たちや黒板の落書きなどのモティーフがよく登場するのだが、そこには教育者である彼自身の姿が投影されているのである。

ところで、田口には高明兄さんという二つ年上の兄がいる。田口が絵の道へ進むことになったのは、この兄さんの存在無くしては語れないだろう。高明兄さんは、子供の頃から図画工作の授業が好きで、小学校時代に描いた絵が卒業してからもずっと学校に貼り出されていたほど絵がうまかった。ロマンチストな夢想家で、中学時代には詩の雑誌を買い求めて愛読していたのだが、田口はそれを借りて読んでいた。その影響で美術大学の学生だった頃、田口は詩の同人誌に参加して、詩を書いたり挿絵を描いたりするのに熱中するようになった。僕も田口から誘われて参加していたのだが、田口の詩にはいつも、どこか、ひんやりとした悲哀のような情感が漂っていた。その生活の断片を切りとったような言葉からは、人の感情や色を思い浮かべることができた。詩がわからない僕でも、読んで詩とはこういうものなのかと、おぼろげながら感じたことを覚えている。

最近、詩を題材に絵を描くことはなかったのかと尋ねてみたところ、

「詩からインスピレーションを受けてということは一切無かった。詩は詩として、絵は絵として終わっていた。しかし詩は、言葉の中にイメージの広がりが

ある。最近、絵画もそうあるべきだと思うようになった。絵にも、詩のように鑑賞者の心にイメージの広がりが生まれなくてはいけないのではないか」

と言う。僕は、よくこういうことをうまく言葉にできるなと、感心したのだった。

さて、高明兄さんの話にもどる。兄さんは、中学生の頃友人を誘って近所の山へスケッチに出かけて行ったことがあった。田口は、図工の時間でもないのに絵を描きに行く姿を見て驚いたという。このとき兄が描いた絵は、いまも忘れられないという。

その頃、田口の家では、父親が定職につかず、家でごろごろして酒ばかり飲んでいたため、家計が苦しく、高明兄さんと田口は学校で禁じられていたにも関わらず、小学生の頃から新聞配達をしなければならなかった。母親もパートタイムなどをして働いていたが、兄弟で稼いだ給料は全て親に渡さなければならないほど家族の生活は困窮していた。そのため、高明兄さんは高校を卒業すると進学をあきらめ、九州から遠く離れた千葉の製鉄所の下請工場に就職し、寮に入って溶接工として働きはじめた。そして、田口も同じく高校を卒業した

高明兄さんが中学生時代に描いた絵。「足立山に登って」　。コンテ、320×410mm、1978年 10月作

らどこかへ就職しなければならない状況であったのだが、どうしても美術の学校へ進学したいと思っていた。

高校三年の春だったと思うが、夕方、お互いの家から近い公園で会ってブランコに腰かけ、卒業後の進路についての話をしたことがあった。僕は美術大学を受験して、もし落ちたら、映画の看板を描く会社に弟子入りするか、あるいはどこでもいいからどこか遠い場所へ行ってみたいなどと話したと思う。田口は、そんな話をしたところ、

「俺も美術大学へ行きたい」

短くそう言って、両手でブランコの鎖を握りしめて鼻をすすって泣きはじめた。後にも先にも、田口が自分の弱みを見せたのは、このときだけである。僕は何も言ってやれず、ただ田口の涙を見まいとして目を伏せて黙って隣にいた。

それから数カ月たったころだった、突然、田口から明るい声で電話がかかってきた。聞けば、美術大学を受験できるようになったという。高明兄さんが車を買うつもりで貯金していた金を、「お前は、大学へ行け」と送ってよこしてくれることになったからであった。おかげで無事、田口は地元の美術大学に入

学することができた。そして、その後も高明兄さんは田口が卒業まで学費の仕送りを続けた。九州から遠く千葉で働く兄さんの寮の壁には、よく兄弟で一緒に遊んだ家のそばの神社の大銀杏を田口が描いた油絵がずっと大切に掛けられていたという。高明兄さんも田口も僕も、同じ中学校で卓球部に入っていた。僕は、兄さんがぐれて眉を剃り、長い学ラン姿で隠れて煙草などふかしていたのを知っていた。その兄さんがこんなに大人らしい立派なことをしたことに、すっかり驚かされたのだった。兄さんは、本当は自分が美術大学へ行きたかったはずだ。ずっとやり場のない感情をもて余して、苦しんでいたに違いない。田口にとって兄というだけでなく、父親でもあったろう。

一九九八年、小説家になると言って家を出て行ったきり帰って来なくなった父親の体調が悪化し、兄さんは千葉から郷里の小倉へ戻って来ることになった。兄さんは、もう三十五歳になっていた。

そして父親は亡くなった。小倉の溶接工場で働いていた兄さんはあるとき、田口に向かって、

「俺も定年したら絵でも描こうかな……」

とつぶやいた。しかし、

「それでは遅い！　棺桶に片足突っ込んで描き始めてどうするか！」

と田口に叱られ、とにかくスケッチブックを買いに行って絵を描きはじめることにした。そんなわけで兄さんは、二十年ぶりに絵筆を持ち、田口に絵を教わりはじめた。カルチャーセンターへも通い、工場が休みの日には、街中の路地や古風な建物など、気になる風景を求めて朝から写生に出かけて行き、近頃は個展も開くようになった。ファンもできて、地元の老舗の洋食店の店主が絵を買って、街なかの洋食店に兄さんの絵が飾られるようにもなった。


僕は先日、兄さんの絵を見せてもらう機会があったのだが、これまでの空白を埋めるかのような勢いで写生に没頭する高明兄さんのエネルギーのほとばしりに、圧倒された。一枚一枚見ていると、傍にいた田口が、

「絵の中に失敗があった方がいい。絵の具がにごってしまっても、嘆く必要はない。にごるのもいい」

などと、兄さんに遠慮のない意見をしていた。兄弟ならではである。久しぶりに絵筆を持つ高明兄さんは、勢いよく描きながらも、小さいことに、いちい

ちつまずいている様子で、

「風景のなかにある電柱を描くのが好きなんやけど、このあいだ、絵を見せた人から描かない方がよいと言われてさ……」

と相談すると、田口は、

「兄ちゃんが描きたいなら電柱を描いたほうがいい」

と言いながら、参考にと洒脱なスゴンザックの画集をとり出して見せる。

兄さんの絵と田口の絵は、ずい分と画風が違っている。そのことを田口に言うと、

「兄の絵は、カメラの広角レンズで撮ったような、こぢんまりした構図になっている。ヘンな言い方かもしれないが、万人が見ていいと思う絵葉書のような絵を描きたいと思っているのかもしれない。でも、僕の場合は、他人の目はあまり気にせず絵を描いている。他人がよいと言わなくても、自分がいいと思えばよいと思っている」

などと言う。

高明兄さんに、田口の絵をどう思うかとたずねると、

「素朴でいい。嫌な感じがしなくて、やさしい感じがする。色もいい」

とほめるばかりなので、兄さんから見ると、ずいぶんヘンな絵でしょう、とちょっと意地悪に言ってみると、

「ヘンなのはしょうがない。この人の性格だから……」

と笑っていた。僕は少年時代から変わらず、飄々と描き続ける田口の絵を見るのが面白くて仕方がないのであるが、幼い頃から兄さんと二人で絵のことを大切にしてきたことにも心を打たれる。田口は、本当にいい兄さんを持って幸せだ。

あとがき

本書は二〇〇二年から二〇一一年にかけて、年に二回発行の美術同人誌『四月と十月』で連載をした「仕事場訪問」に加筆をしてまとめたものである。古いものは、十五年も前に取材をしたということになる。取材相手は美術の仕事に関わる方々で、学生時代の先生や友人、画廊で出会った作家などだった。気まぐれに会いたいと思う方を訪ねたが、それまで取材をして原稿を書くなどという仕事をしたことのなかった僕は、うまく話を聞くことができるだろうかと心配だった。それで自然と身近な方が多くなった。共同画集的な内容の美術同人誌『四月と十月』にこのような取材記事を載せることにしたのは、この本を創刊して二年が過ぎた二〇〇一年の夏のことだった。この共同画集に、同人の仲間たちと美術について一緒に考える場を作りたいと思ってはじめたのである。

取材を重ねていると、相手が話したことが頭の中ではわかっているのに、うまく言葉にすることができずもどかしく思うことが幾度もあった。また、美術は専門的なことも多いし、気をつけて言葉にしないと誤解を生むような内容もある。それらを文章にして伝えようとして気づくことや、わかることもあった。この仕事を通じて、自分の絵に対する見方も変わり、アトリエで過ごす時間があきらかに濃密になっていったように思う。それは、僕にとって何よりの収穫だった。

まだまだ取材させていただいた方の話を十分言葉にできていないと思うが、どうかお許し願いたい。また、「仕事場訪問」の連載では他にも、「畑井智和の陶芸と絵付け」、「堀内孝のマダガスカル」、「言水ヘリオの『エトセトラ』」、「はちみつと吉野純弥」、「井上庸子のデザイン」、「吉増麻里子の絵」、「石井保子の写真」、「原陽子の版画」という記事もあったが、頁の都合で本書に収録できなかった。この場を借りて取材を受けてくださったすべての方々に感謝の意を表したい。そして、昨年急逝された木村希八先生に本書をお届けしたいと思う。

最後に、本書のブックデザインのみならず、『四月と十月』のデザインもずっと引き受けてくださっている青木隼人君、また、「四月と十月文庫」シリーズの二冊目として二〇一一年に刊行する予定だった本書に、あきらめず長きにわたって励ましをくださり、編集を引き受けてくださった港の人の上野勇治さんにお礼を申し上げます。

二〇一七年八月二六日
牧野伊三夫

※本書は、美術同人誌『画家のノート　四月と十月』での連載「仕事場訪問」に加筆、修正を行いました。

◎初出一覧

希八先生の版画工房『画家のノート　四月と十月』六号　二〇〇二年四月
木村喜八の画廊歩き『画家のノート　四月と十月』十八号　二〇〇八年四月
葛西薫のデザイン生活『画家のノート　四月と十月』七号　二〇〇二年十月
坑夫の描いた絵『画家のノート　四月と十月』十号　二〇〇四年四月
立花文穂の本『画家のノート　四月と十月』十一号　二〇〇四年十月
月光荘画材店のおじさん『画家のノート　四月と十月』十三号　二〇〇五年十一月
鈴木安一郎と富士山『画家のノート　四月と十月』十五号　二〇〇六年十二月
福田尚代が現代の美術表現をはじめるまで『画家のノート　四月と十月』十六号　二〇〇七年四月
湯町窯の画家　福間貴士『画家のノート　四月と十月』二十四号　二〇一一年四月
田口順二の美術生活『画家のノート　四月と十月』二十三号　二〇一〇年十月

著者紹介

牧野伊三夫（まきの・いさお）

1964年北九州市生まれ。画家。1987年多摩美術大学卒業後、広告制作会社サン・アドに就職。1992年退社後、名曲喫茶でんえん（国分寺）、月光荘画材店（銀座）、HBギャラリー（原宿）等での個展を中心に画家としての活動を始める。1999年、美術同人誌『四月と十月』を創刊。第2回アトリエヌーボーコンペ日比野賞。2012、2013、2017年東京ADC賞。著書に『僕は、太陽をのむ』（港の人）『かぼちゃを塩で煮る』（幻冬舎）。『雲のうえ』（北九州市）、『飛騨』（飛騨産業株式会社）編集委員。東京都国分寺市在住。